प्रकाश-वृत्ति

आश्चर्यवत्

रज़ा फ़ाउण्डेशन | THE RAZA FOUNDATION

आश्चर्यवत्

मोनिका कुमार

वाणी प्रकाशन

प्रकाश-वृत्ति
रज़ा फ़ाउण्डेशन और वाणी प्रकाशन का सह-प्रकाशन

वाणी प्रकाशन
4695, 21-ए, दरियागंज, नयी दिल्ली 110 002

फ़ोन : +91 11 23273167 फ़ैक्स : +91 11 23275710

शाखाएँ

अशोक राजपथ, पटना 800 004, बिहार

कॉफ़ी हाउस कैम्पस, महात्मा गांधी मार्ग, इलाहाबाद 211 001, उत्तर प्रदेश

महात्मा गांधी अन्तरराष्ट्रीय हिन्दी विश्वविद्यालय, वर्धा 442 001, महाराष्ट्र

www.vaniprakashan.in
marketing@vaniprakashan.in
sales@vaniprakashan.in

AASHCHARYAVAT
by Monika Kumar

ISBN : 978-93-88434-16-4
Poems

प्रथम संस्करण

मूल्य : ₹ 250

आर. टेक ऑफ़सेट, दिल्ली-110 032 में मुद्रित

वाणी प्रकाशन का लोगो मक़बूल फ़िदा हुसेन की कूची से

आश्चर्यवत्पश्यति कश्चिदेन-माश्चर्यवद्वदति तथैव चान्यः।
आश्चर्यवच्चैनमन्यः शृणोति श्रुत्वाप्येनं वेद न चैव कश्चित्।।

(श्रीमद्भगवद्गीता 2/29)

कोई आत्मा को आश्चर्यवत् देखता है, कोई इसे आश्चर्यवत् बताता है तथा कोई इसे आश्चर्यवत् सुनता है, किन्तु कोई इसके विषय में सुनकर भी कुछ नहीं समझ पाता।

आमुख : अशोक वाजपेयी

प्रकाश अत्यन्त प्रतिभाशाली कवि और आलोचक थे जिनका दुर्भाग्य से 2016 में दुखद देहावसान हो गया। वे एक भाषा-सजग शिल्प-निपुण कवि और सजग-सम्वेदनशील आलोचक थे। रज़ा फ़ाउण्डेशन ने उनकी स्मृति में 'प्रकाश-वृत्ति' स्थापित करने का निश्चय किया जिसके अन्तर्गत सुपात्र और सम्भावनाशील युवा कवियों और आलोचकों की पहली पुस्तकें प्रकाशित करने की योजना है।

यह पुस्तक इसी वृत्ति के अन्तर्गत प्रकाशित हो रही है और हमें विश्वास है कि मोनिका कुमार की कविता में एक नयी प्रश्नवाची सम्वेदना सक्रिय है जो सचाई के दिये हुए रूपों से कुछ अलग देखती-पहचानती है। यह संग्रह प्रस्तुत करते हुए हमें प्रसन्नता है।

भूमिका

कुछ विस्मयादिबोधक आश्चर्यवाहक

1

हमारी हिन्दी कविता का समकालीन परिदृश्य 'समाज' से आक्रान्त है। चूँकि मानवीय इतिहास में इस समय समाज पर राजनीति का दबाव सबसे अधिक है, इसलिए कविता पर समाज का यह दबाव व्यावहारिक रूप से राजनीति के दबाव में बदल जाता है। राजनीति का यह दबाव तात्कालिकता में अपने को व्यक्त करता है और कविताएँ कुछ घटनाओं की प्रतिक्रिया के रूप में लिखी जाती हैं। कविता को इस स्थिति तक पहुँचाने के लिए एक बड़ी लम्बी और जटिल प्रक्रिया ज़िम्मेदार है।

कविता की निर्मिति में अन्य मनुष्यों की निर्मिति की तरह ही राजनीति का भी योगदान होता है और इस तरह उसकी एक राजनीतिक पहचान भी होती है। किन्तु सभी मनुष्यों की निर्मिति की तरह ही कवि की निर्मिति भी जटिल होती है और उसकी सत्ता में राजनीति तथा समाज के अतिरिक्त भी बहुत कुछ होता है। कोई भी मनुष्य अपनी किसी एक पहचान को जब अग्रप्रस्तुत करता है तब वह अपनी अन्य पहचानों को गौण रख कर ही ऐसा करता है। जिसे हम 'साम्प्रदायिकता' कहते हैं वह वस्तुतः किसी एक पहचान में अपनी अन्य पहचानों को विलीन कर देने का ही नाम है। उदाहरण के लिए, जब कोई व्यक्ति अपनी धार्मिक या जातिगत पहचान में अपनी अन्य पहचानों को विलीन कर देता है तब वह 'साम्प्रदायिक' या 'जातिवादी' कहलाता है। इतिहास में ऐसे असंख्य उदाहरण मिलते हैं जब शासकों, राजनीतिज्ञों, समाजचिन्तकों, या अर्थचिन्तकों ने अपनी शासन-नीति, राज-नीति, समाज-नीति, या अर्थ-नीति में अपनी साम्प्रदायिक पहचान को हावी होने दिया है। इस साम्प्रदायिकता के परिणाम सर्वदा घातक

ही रहे हैं और इसकी सर्वदा सर्वत्र निन्दा ही की जाती है। साम्प्रदायिकता न्याय के विरुद्ध है। यह एक बेईमानी का नाम है—एक भूमिका को स्वीकार करना और उसके निर्वहन में एक दूसरी भूमिका का प्रभाव स्वीकार करना जो स्वीकृत भूमिका से समंजस न हो।

प्राचीनकाल से यह मान्यता रही है कि किसी कलाकार को कलाकार इसलिए कहते हैं कि वह कलाकार की भूमिका में अपनी कला के सम्प्रदाय में अन्य सभी सम्प्रदायों से अपने जुड़ाव को अन्तर्निहित करता है। एक कवि किसी बादशाह की प्रशंसा में क़सीदा लिखता है और उसे सर्वगुणसम्पन्न बताता है, कुछ समय बाद वह बादशाह तख़्त से उतार दिया जाता है, फिर वही कवि नये बादशाह की प्रशंसा में क़सीदा लिखता है और वे ही गुण नये बादशाह में आरोपित कर देता है। नया बादशाह अपने शत्रु पुराने बादशाह की प्रशंसा में लिखे गये क़सीदे के नाते कवि से रुष्ट नहीं होता, नया क़सीदा सुन कर कवि को इनाम देता है। यह इनाम किस बात का होता है? निश्चय ही यह नये बादशाह को पूरी पृथ्वी का स्वामी बताने के लिए नहीं होता क्योंकि एक सूचना के तौर पर यह कथन प्रत्यक्षतः असत्य होता है। सब-के-सब जानते हैं कि पुराना क़सीदा और नया क़सीदा, दोनों ही झूठ के पुलिन्दे हैं। क़सीदे की परख इससे नहीं होती कि जिस बादशाह की प्रशंसा में क़सीदा लिखा गया उसमें ये गुण थे कि नहीं थे, क़सीदे की परख इससे होती है कि उसमें काव्यगुण हैं या नहीं हैं।

इधर एक ज़माने से इस मान्यता में संशोधन हो गया है। इस संशोधन की कड़ियों का जो सिलसिला बिलकुल सामने जोड़ा जा सकता है वह अठारहवीं सदी के यूरोप की परिवर्तनकामिता से प्रारम्भ होता है जिसका उग्र व्यावहारिक अवतरण फ्रांसीसी क्रान्ति में हुआ। बोलचाल, शिष्टाचार, वेशभूषा, चित्रकर्म, संगीत, साहित्य, नाटक सभी से यह उम्मीद की गयी कि वे क्रान्ति के सिद्धान्तों का विज्ञापन बन कर रहें। विज्ञापन भी झूठ का पुलिन्दा होता है किन्तु क़सीदे के झूठ और विज्ञापन के झूठ में अन्तर है। क़सीदे का झूठ तथ्यात्मक खरेपन का दावा नहीं करता, उसका झूठ पकड़े जाने के लिए ही है और उसकी अपेक्षा 'अतिशयोक्ति अलंकार' कहे जाने की है। इसके विपरीत विज्ञापन का झूठ खरा सच होने का दावा करता है; उसकी ख़ूबी इसमें होती है कि उसके झूठ को सच समझा जाय।

जो मैं कहना चाहता हूँ उसके उदाहरण के लिए फ्रांसीसी क्रान्ति के प्रतिनिधि

चित्रकार ज़ाक्र लुई डेविड (Jacques-Louis David) की कृतियाँ ली जा सकती हैं जिन्होंने फ्रांसीसी क्रान्ति के पक्ष में समकालीन इतिहास का चित्रांकन करने की ठानी थी। उनका आग्रह था कि कला को तथ्य की कसौटी पर खरा उतरना चाहिए किन्तु चित्र ही नहीं, रोब्सपियर के सांस्कृतिक सलाहकार की हैसियत से अन्य कलाविधाओं में भी उन्होंने फ्रांसीसी क्रान्ति की जो प्रस्तुतियाँ की हैं उनमें बहुत सारा असत्य वास्तविक घटना के रूप में उपस्थित किया गया है। उनकी प्रसिद्ध कृति 'टेनिस कोर्ट की शपथ' अधूरी रही क्योंकि 1789 में घटित यथार्थ को तथ्यात्मक रूप में चित्रांकित करने के लिए बहुत देर हो गयी; चित्र बनते-बनते 1789 के अनेक नायक 1792 तक खलनायक घोषित हो चुके थे। क्रान्ति की समाप्ति के बाद वे नेपोलियन के भी दरबारी चित्रकार रहे और आल्प्स की पहाड़ियों को पार करते हुए नेपोलियन का जो चित्र उन्होंने बनाया है उसमें नेपोलियन की इच्छानुसार उसे एक शानदार घोड़े पर सवार दिखाया गया है जब कि नेपोलियन ने उस पहाड़ी को खच्चर पर पार किया था। यह सारा असत्य सत्य होने की लालसा में कला के भीतर समाविष्ट हुआ है और केवल कलाकार की 'प्रतिबद्धता' को बताता है।

फ्रांसीसी क्रान्ति से ही 'रेस्क्यू ऑपेरा' का भी सम्बन्ध जोड़ा जाता है जिसमें गम्भीर संकटों से नायक की मुक्ति दिखायी जाती थी और मानवीय नैतिक मूल्यों की अनैतिक मूल्यों पर विजय का प्रदर्शन होता था। ऐसी 'सुखान्त कलायुक्तियों' का तर्क क्या है? पश्चिमी साहित्य-परम्परा में बीजभूत यूनानी साहित्य 'उत्कृष्ट साहित्य' के अन्तर्गत ट्रैजिडी की गणना करता था किन्तु कुछ 'अ-गम्भीर' साहित्य की भी सत्ता स्वीकार की जाती थी जिसे 'कामेडी' का नाम दिया जाता है। इस 'कामेडी' की प्रमुख विशेषता यह थी कि इसमें मानवीय युक्तियों द्वारा संकटों से मिलते छुटकारे को अग्रप्रस्तुत किया जाता था। यहाँ से देखने पर हमें न केवल 'रेस्क्यू ऑपेरा' जैसी साहित्य-विधाओं की ऐतिहासिक जड़ की गहराई का अन्दाज़ा मिलता है अपितु एक काव्यदृष्टि भी मिलती है।

मनुष्य और नियति के सम्बन्ध को प्राचीन मनुष्य ने अपनी गौणता स्वीकार करते हुए पहचाना था और अपने दुःख को एक अबूझ न्याय की संहिता से उद्भूत माना था। यह ट्रैजेडी की दृष्टि थी और उत्कृष्ट काव्य इसी विनम्रता से उपजता था। कॉमेडी की दृष्टि दुःख को एक पराजेय शत्रु के रूप में स्वीकार करती है।

फलतः युक्ति और प्रयास जैसी संस्थाओं का महत्त्व बहुत बढ़ जाता है और अपने अनुभव का संसार एक ऐसे आईने में महदूद हो जाता है जिसमें अपना क़द बहुत बड़ा दीखने लगता है। इसमें एक अन्तर्निहित औद्धत्य है जो स्वभावतः रचनात्मकता के जंगम को स्थावर में जड़ीभूत करता है।

मैंने जब 'राजनीति' कहा है तो उस शब्द के अन्तर्गत इन सारी युक्तियों का समाहार है जो मनुष्य के इस कर्तृत्वाभिमान को पोषण देती हैं। कविकर्म में अभ्यास और शिक्षा की बड़ी भूमिका है किन्तु इन सबके पहले उसकी जड़ में प्रतिभा है जो एक नैसर्गिक देन है (यदि आप इसे 'ईश्वरीय देन' कहने से बचना चाहते हैं)। इस नैसर्गिकता को ही विनम्रता के साथ ब्रह्माण्ड में अपनी उपस्थिति का तर्क स्वीकार करना चाहिए, वर्जिश के भरोसे उच्छून पेशियों वाली बाँहों को नहीं। नैसर्गिक होने की स्वीकृति विनम्रता का उत्स है, राजनीतिक होने का चुनाव अनिवार्यतः औद्धत्य की प्रसूति करता है। इस औद्धत्य के चलते ही संसार में बुराई का प्रवेश होता है और ख़राब कविता लिखी जाती है।

2

जब हम मोनिका कुमार की कविताओं को पढ़ते हैं तो वे हमें बिल्कुल दूसरी दुनिया में खुलती हुई खिड़कियों की तरह लगती हैं—हमारे रोज़मर्रा को घेरे खड़े चालू राजनीति के वाचटावरों को ढहा कर उन शिष्ट और सुरक्षित सुरंगों के बन्द मुहाने खोलती हुई जिनसे गुज़रती हवा ऐसी सूचनाओं को प्रवेश करने देती है कि *"जिज्ञासाएँ लिजलिजी भी हो सकती हैं"* (ट्यूलिप) ऐसा नहीं है कि वे वृत्तान्तों के प्रचलित सारांशों को नज़रअन्दाज़ करती हैं—वे उनको उलट कर मर्मान्तक सूक्तियों के साथ मैदान में उतर सकती हैं :

वह नरम-नरम जो बचा है ख़रगोश में
उस मासूमियत का शेष है
जो कछुए के साथ दौड़ लगाने की स्पर्धा में
थक कर नींद बन गयी

—मत कहना प्यार से किसी को ख़रगोश

किन्तु उनको यह स्पष्ट है कि कवि *"अपनी आत्मा के दुःख लिखते हुए"*,

"प्रेमिकाओं से बातें करते हुए", "तानाशाहों पर तंज़ कसते हुए", या "किसी काफ़िर की पैरवी करते हुए" सुन्दर नहीं लगते अपितु

कवि सबसे सुन्दर दिखते हैं
जब वे बात करते हैं?
अपने प्रिय कवियों के बारे में
....
जब वे प्रिय कवियों के बारे में बात करते हैं
तो लगता है
कवि अनाथ नहीं है

—कवि सुन्दर

इस तरह इन कविताओं में 'एक्टिविज़्म' का भी एक रंग ढूँढ़ा जा सकता है—जिसका गाढ़ापन *पश्च दृष्टि से हानि* जैसी कविता में ख़ासा चटक है जिसमें उन्होंने इतिहास को प्रश्नांकित किया है जो आधुनिक कविता क्या सम्पूर्ण आधुनिक सभ्यता के चिन्तन में एक अभिगृहीत (= axiom) की हैसियत रखता है—किन्तु इनके सुर में जो नरमी है उसको देखते हुए यह स्वीकार करना होगा कि इनकी ऊर्जा का स्वभाव कुछ तोड़ने का नहीं, कुछ खोजने का है और इस क्रम में अगर कुछ करकट हटाना पड़ता है तो इस कर्म को 'परिवर्तन' कहना समझ का सीमांकन करना है।

'सुर में नरमी' कथ्य की मार्मिकता और पहुँच को सीमित नहीं करती, इसी नरमी से दस्तावेज़ की शुरुआत करने वाले विचारों की उत्तेजना से भरपूर पंक्तियों की आँच भी उठती है :

मार्क्स की मूँछ से बाल झड़ रहे हैं
जहाँ बाल गिरता है
श्रमिक पौधा लगा देता है

—ज़ंग लगना

कविता द्वारा कुछ 'खोजने' से मेरा आशय कविताओं को जिज्ञासाओं की जगह पर रख देना है। जिज्ञासाएँ हमेशा परमुखापेक्षी होती हैं—एक जिज्ञासा गेंद की तरह फेंकी जाती है और इस प्रतीक्षा की मुहताज रहती है कि दूसरी ओर कोई है जो उस गेंद को एक चोट जोड़कर वापस लौटायेगा। अगर मैं *ट्यूलिप* कविता

के सन्दर्भ में बात करूँ तो मैं इसे यों कहूँगा कि जिज्ञासा उस भेद को स्वीकार कर लेने से प्रारम्भ होती है जो वानस्पतिक ट्यूलिप, कपड़े पर छपे हुए ट्यूलिप, और प्लास्टिक के बने हुए ट्यूलिप में है और अपनी ख़ुर्दबीन को यह जाँचने में इस्तेमाल करती है कि दर्ज़ी ने कपड़ा काटते हुए उस पर छपे ट्यूलिप के साथ बेरहमी तो नहीं बरती, या कमरे की 'सजावट' प्लास्टिक के फूलों से कैसे हो सकती है जब कि कविता इस अभेद पर समाप्त होती है कि *"तीनों तरह के ट्यूलिप में आपसी कोई मतभेद नहीं"*।

अभेद का स्थापन इन कविताओं में किसी सचेत और सचेष्ट वास्तुयोजना के तहत होता हो, ऐसा नहीं है। वह अधिकतर एक अनचीन्ही और शायद अनचाही भी, पढ़त का हाशिये पर से आ छिटका नतीजा हो सकता है। उदाहरण के लिए एक चुटकुले का यों पिरोया जाना :

सन्ता बन्ता को फ़ोन करता है
और पूछता है
कौन बोल रहा है
बन्ता कहता है
मैं बोल रहा हूँ
सन्ता कहता है कमाल है यार!
इधर भी मैं बोल रहा हूँ

—हैलो

न अटपटा लगता है और न ही 'बोझिलपन को हास्य द्वारा कम करने' का आमन्त्रण प्रतीत होता है, वह केवल एक ऐसी प्रविधि है जो आज से और *"अब से वह 'हैलो' नहीं है"* की उद्घोषणा को टिकाऊ ज़मीन पर पहुँचा कर मौजूँ बनाती है।

मुझे ऐसा प्रतीत होता है कि 'समय की रेखा' का हमने जो क्षैतिज परिकल्पन किया है वह त्रुटिपूर्ण है। इस परिकल्पन के नाते हम उस पर चलते मनुष्य को विकास करता हुआ समझते और कहते हैं। हो सकता है कि ऐसा न हो और समय की रेखा ऊर्ध्वाधर हो जिसके भरोसे उतरते हुए मनुष्य अपनी स्फीति को अपने चारों ओर एक कुएँ की शक्ल में बुनता जा रहा हो। हो सकता है हम बढ़ते वक़्त के साथ दिन-पर-दिन कुएँ के मेंढक में बदल रहे हों। तब अपनी समझ को सही करने के लिए हमें इसी समय-रेखा पर अपनी चाल—जिसे 'इतिहास' कहा

जाता है—बदलनी होगी जिसके लिए हममें वह छटपटाहट होनी चाहिए जो हमें इस समय-रेखा के ऊपरी छोर पर उछाल सके।

सर्जनात्मकता को समकालीन सामाजिकी के अधीनस्थ कर देने के सर्वग्रासी आग्रह के दबाव से मुक्त होने का प्रयास जिन समकालीन कवियों ने किया है उनमें अधिकांश की युक्तियाँ चिड़िया और पेड़ जैसी प्रकृति-निवासी उपकरणों पर आश्रित हैं। मोनिका कुमार की कविताओं में ऐसे उपकरणों की अनुपस्थिति नहीं है किन्तु ऐसा नहीं लगता कि प्रकृति उनके लिए कोई पलायन-स्थल है। मेरी समझ में किसी क्षैतिज अन्तरण के सहारे एक अभयारण्य खोजने की जगह उन्होंने कुछ उठकर खगोल में अपने को स्थापित करते हुए भूगोल को नज़र-गाह बनाया है। इस प्रक्रिया में बहुत-से ऊँट पहाड़ के नीचे आ गये हैं, बहुत-सी विराट आकृतियाँ व्यापकतर परिप्रेक्ष्य में बौनी हो गयी हैं और आतंक का हौसला कम हुआ है।

मैं कविता में ऐसे संकेतों की मौजूदगी का विरोधी हूँ जो कवि की निजी निशानदेही करते हों। इस तरह मुझे वे कविताएँ असहज करती रही हैं जो कविगण अपने पिता या माता पर लिखते हैं। इसको मैं थोड़ा और स्पष्ट करता हूँ। मोनिका कुमार की एक कविता है *मैं कहाँ मेरा नाम कहाँ* जिसमें बार-बार *"नाम मोनिका लिंग स्त्री उम्र चालीस"* आता है। मेरे लेखे यह एक निर्वैयक्तिक सूचना है क्योंकि कविता एक व्यक्ति के नागरिक निर्धारणों से उसकी इयत्ता बखान देने की सामर्थ्य से टकरा रही है और एक ख़ास पहचान वाले व्यक्ति का परिचय देना उसका उद्देश्य नहीं है यद्यपि जिन्हें लेखक के लेखन और लेखक के बायोडाटा में अटूट सम्बन्ध देखने की आदत है वे इसे एक आत्मकथात्मक वक्तव्य मानते हुए रचना का केन्द्रीय उत्प्रेरक बता सकते हैं। किन्तु दूसरी ओर हम जब *मैं और मेरे विद्यार्थी* कविता को देखते हैं तो उसकी सूचनाओं को लेखक के अध्यापकीय अनुभव से असम्पृक्त करना सम्भव नहीं लगता। मेरी समझ में यह कविता की पहुँच को अनावश्यक रूप से सीमित करना है।

इन कविताओं में जो निराशाएँ और हताशाएँ हैं उनके बारे में यह मानना कठिन है कि वे हमारे अपने समय के दबावों से उपजी हैं। वे मनुष्य होने की स्वाभाविकता से उद्भत लगती हैं : *"वह इतनी बूढ़ी हो चुकी है/कि करुणा से उसका भरोसा उठ चुका है"* (अख़बार) या *"पर इससे कहीं मुश्किल काम मैं कर चुकी थी/*

जैसे मनुष्य से करुणा की उम्मीद करना" (एकान्त के अरण्य में) जैसी पंक्तियाँ निश्चय ही 'मैं और मेरा समय' के शीर्षक के नीचे नहीं समेटी जा सकतीं।

3

मोनिका कुमार की कविता में प्रेम की जितनी मौजूदगी है उसके अनुपात में उसकी चर्चा कम है। परिणामतः आप उसे कविताओं की सतह पर से छान नहीं सकते, वह उनकी तरलता में अनुस्यूत है। प्रेम के इस अनुभव में चुम्बन और आलिंगन *"असफल प्रेम को सहने की युक्ति"* (दो दृश्य) के रूप में देखे जा सकते हैं और इस असफलता को *"प्रेमिका को लगता है/उसने किया बहुत प्रेम/पता नहीं क्या है जो पूरा नहीं पड़ता"* के भोलेपन में रूपंकृत किया जा सकता है। प्रेम की ऐन्द्रिकता का उद्दाम और मांसल रेखांकन इन कविताओं में अनुपस्थित है किन्तु इसे किसी हिचक के मत्थे मढ़ना सही नहीं होगा। जिस अतीन्द्रिय टाँकी से प्रेम का मूर्तन इन कविताओं में हुआ है उसी से इन कविताओं के सारे सरोकार गढ़े गये हैं—यह आभासी देहधारण इन कविताओं की चाक्षुषता का अनायास ज्यामितीकरण है, पर्देदारी की किसी धार्मिक अनुज्ञा का प्रयत्नपूर्वक अनुपालन नहीं।

यही बात स्त्रीत्व के साथ सच है, उसकी व्याप्ति इन कविताओं के समूचे दिक्-काल में है किन्तु उसके अस्तित्व से अलग किया जा सकने वाला 'विमर्श' नहीं के बराबर है। हमारी आज की कविता प्रेम में बराबरी के लिए कन्धा नापती केन्द्रस्थ स्त्री के बरअक्स सिलाई सीखती हुई या आटा माड़ती हुई स्त्री को हमेशा कुछ-कुछ हाशिये की ओर ढकेलती है। किन्तु मोनिका कुमार की कविताओं का चित्रकर्म अपने भित्तिफलक के लिए ऐसी किसी सामाजिक बसावट के रंगलेप पर निर्भर नहीं है, उसमें *सब्ज़ी जलना* के लिए भी जगह है।

सौन्दर्य निहारने की भी चीज़ है, रचने की भी। स्वतन्त्र सत्ता की अभिव्यक्ति दोनों में से किसी एक कर्म से मानी जा सकती है—उदाहरण के लिए सत्ता का वास पुरुष में सामान्यतः इसी तर्क पर माना जाता है कि श्रमविभाजन में निहारने का काम पुरुष का है और निहारे जाने का काम स्त्री का। इस पारम्परिक माडल में रचना का अर्थ सजना-सँवरना होता है। काव्य-रचना में इस माडल की एक स्वीकृति पहले से चली आ रही है जिसमें नैसर्गिक प्रतिभा को काव्य-नैपुण्य और

अभ्यास द्वारा सुसज्जित किया जाता है। यही तर्क कविता में प्रेम की उपस्थिति के ऊपर लागू होता है क्योंकि प्रेम मनुष्य में वैसे ही नैसर्गिक है जैसे काव्य-प्रतिभा। किन्तु जहाँ भी 'विमर्श' को कर्म और तज्जन्य निष्कर्ष को फल के रूप में प्राप्त करना होगा, मानव-निर्मित विद्याओं और उद्यमों की ही भूमिका होगी क्योंकि मनुष्य का निर्माण मनुष्य नहीं करता लेकिन समाज का निर्माण मनुष्य ही करता है। इसलिए 'विमर्श' के सन्दर्भ में रचना का तात्पर्य प्रारम्भ से ही कुछ बनाना है।

जिसे 'स्त्री-विमर्श' कहते हैं उसमें रचना की प्रकृति का निर्धारण स्वरूप-ग्रहण के इस असमंजस से मुक्त नहीं हो सकता। एक तरफ़ प्रेम का द्वैत है जिसमें एक पक्ष के रूप में उपस्थित होने के लिए पुरुष की ही तरह स्त्री भी विवश है। इस उपस्थिति की विवशता स्वेच्छा-प्रसूत नहीं है, वह प्रेम की संरचना में ही अन्तर्निहित है। किन्तु जिस हद तक अपनी इयत्ताओं का विलोपन किये बिना प्रेमियों के इस युग्म का अवतरण सहजीवन की किसी भी सामाजिक इकाई के रूप में होता है उस हद तक किसी भी ऐसे द्वैत की तरह जिसमें इयत्ताओं का लोप नहीं होता, बराबरी और ग़ैर-बराबरी की नापजोख़ इसमें भी अनिवार्यतः मौजूद है क्योंकि सहजीवन मनुष्य का अपना चुनाव है। इसमें ग़ैर-बराबरी के जितने भी आँकड़े सामने आते हैं, वे प्रेम के नाते नहीं, सहजीवन के नाते तैयार होते हैं : *"घर प्रेम के बग़ैर भी चलने लगता है जैसे जीवन की ख़ुशी में इसका कोई स्थान नहीं/फिर भी...मैं...ऐसे लपकती हूँ/जैसे मैं केवल प्रेम करने/...ही दुनिया में आयी थी"* (अनानास)।

इस तराजू के तनाव को मोनिका कुमार की कविताओं में स्फीति नहीं दी गयी है। इस स्फीति से अपनी काव्य-सरणि को बचाने के लिए कोई विशेष चेष्टा कवि ने की हो, ऐसा भी नहीं लगता। उनकी कविता के सुर जिन स्वभावोक्तियों से अपनी सांगीतिकता की लय का परिग्रह करते हैं उनके कोष में उग्रता नहीं है। दाहकता के इस अभाव की क्षतिपूर्ण प्रेम से कर सकने की एक आशा है : *"विनम्र स्त्री है वह/ ...विनम्र साँसों की आग में जो जल सके/विनम्र जीवन में हर क्षण/वह ऐसे प्रेमी की प्रतीक्षा करती है"* (आग पानी) किन्तु इस आपूर्ति में इतनी आँच नहीं है कि विरह पर लिखी कविता *शीतलहर* में शैत्य की उपस्थिति को विरोधात्मक ध्रुव के रूप में सोचा जा सके। वस्तुतः इन कविताओं का गुरुत्व-सन्तुलन ध्रुवीय आग्रहों के अधीन नहीं है।

4

हिन्दी साहित्य-सर्जना का बहुलांश इस समय कुछ बेहद उथली विचार-खाइयों में लोटते हुए उनमें उतरा रहे कुछ मृत शब्द सहेज लेने तक सीमित रह गया है। जो लोग कुछ भिन्न दिखना चाहते हैं उनमें भी छटपटाहट से छूटने के लिए चिड़िया, पेड़, चाँदनी जैसी किसी शाख पर उचक लेने की ललक अधिक प्रतीत होती है, मुहावरों के बासीपन की दीवार फाँद कर बाहर की दुनिया में साँस लेने का हौसला कम लगता है। मोनिका कुमार के काव्य-संग्रह की कविताओं को देखकर हिन्दी के समकालीन काव्यजगत् का बहुत-सा कुहासा कृत्रिम लगता है, प्रदूषण के उन मानदण्डों की उपज जो हमारी जीवन-शैली के नियामक हैं। इन कविताओं में यह भरोसा झलकता है कि ये मानदण्ड जीवन के नियामक नहीं हैं। जिस हद तक जीवन को उसकी शैली की दासता से छुड़ाने का नाम स्वतन्त्रता है, उस हद तक ये कविताएँ स्वतन्त्रता की भी पक्षधर कही जा सकती हैं।

किन्तु 'पक्षधर' इन कविताओं के सन्दर्भ में एक अजनबी शब्द है। जैसा कि संग्रह की पहली कविता *तरबूज़ देखना* से ध्वनित है, धरती सन्तरे जैसी है या तरबूज़ जैसी, इस तरह की सारी बहसें वस्तुतः नाकामियों के सीमांकन हैं, जो चाहिए, वह है कुछ विस्मयादिबोधक आश्चर्यवाहक। ऐसे चिह्नों द्वारा बोध्य विस्मय और बाह्य आश्चर्य ही इन कविताओं की दीप्ति है। इस दीप्ति ने हमारी समकालीन कविता को एक अलग और आकर्षक आभा में झलकाया है, मुझे भरोसा है कि इन कविताओं की ताज़गी और नवाचार से साक्षात्कार सभी के लिए प्रीतिकर होगा।

22 मई, 2018 वागीश शुक्ल

स्मरण-पत्री

स्मरण अपर्णा मनोज (आपका साथ साथ फूलों का), प्रभात रंजन (जानकी पुल), सिद्धेश्वर सिंह (कर्मनाशा), गिरिराज किराडू (प्रतिलिपि), अरुण देव (समालोचन), अनुराग वत्स (सबद), शिरीष कुमार मौर्य (अनुनाद), और सिद्धान्त मोहन (बुद्धू बक्सा) का जिनके समर्थ सम्पादन में उपर्युक्त ऑनलाइन ब्लॉग और पत्रिकाओं में इस संग्रह में संकलित कविताएँ वर्ष 2012-18 के दौरान प्रकाशित हुईं। प्रस्तुत संग्रह की कुछ कविताएँ हिन्दी की पत्रिकाओं *समावर्तन, पाखी, जलसा* और *सदानीरा* में भी छपी हैं। इन जगहों पर कविताएँ छपना, पाठकों से प्रतिक्रियाएँ मिलना और संग्रह के रूप में कविताएँ छपवाने का उद्यम करने की प्रक्रिया को एक साथ जोड़ कर देखने से ही मैं प्रामाणिक रूप से इन गुज़रे वर्षों की अपनी कविता यात्रा की किंचित निशानदेही कर सकती हूँ।

स्मरण फेसबुक साहित्यिक परिवेश का जिसने शुरुआती दिनों में मेरी साहित्यिक रुचियों का भरपूर पोषण किया, उस माहौल का स्मरण किये बिना अपना पहला कविता संग्रह प्रकाशित कराने का अर्थ होगा अपने जीवन की विशेष कड़ी को सुविधाजनक ढंग से भूल जाना जिसने मुझे सदा-सदा के लिए कविता से जोड़ दिया।

सरघी का स्मरण जिसने बारम्बार याद दिलाया कि वक़्त कम भले ना हो लेकिन हमेशा के लिए नहीं है।

अविनाश मिश्र ने निरन्तर इन कविताओं को संकलित और प्रकाशित करवाने के लिए मुझे सक्रिय होने की सलाह दी। इन्हीं वर्षों में

मुझे दूसरे कवियों की कविताओं से परिचित भी कराया। इस सतत उपस्थिति के लिए स्मरण।

अमरजीत चन्दन स्मरण। मुझे यह सूझ देने के लिए कि अनुभूति के बिना प्रयोग किये गये शब्दों का भार कविता नहीं उठा सकेगी।

वागीश शुक्ल का स्मरण करते हुए जिनके ज्ञान और विवेक से कम समय में अधिक सुख पाया है, उनके साथ हुई शब्द-चर्चा से केवल शंका निवारण नहीं हुआ बल्कि भाषा के प्रति नयी जिज्ञासा भी जगी और उनसे बातचीत के दौरान किसी मनुष्य के व्यक्तित्व में शास्त्रीयता का अम्ल देखने की पुरानी लेकिन अधूरी इच्छा भी पूरी हुई।

मोनिका कुमार

अनुक्रम

चार

पाँच

एक

तरबूज़ देखना

किसी विराट वस्तु को देखने का
मेरा पहला अनुभव था
तरबूज़ देखना।
मैं अन्दाज़न कह पाती हूँ
कितना है प्यार तुमसे
हाथ भर,
समुद्र के जल जितना
या ज़रा भी नहीं।

अन्दाज़ा नहीं होता
तरबूज़ देखते हुए,
कितना होगा लाल
कैसा गुदगुदा और मीठा,
और कैसे सजी होंगी इसमें
ढेरों समाधिस्थ आँखें।

तुम ज़िद पर अड़े रहे
धरती है सन्तरे सी गोल,
नहीं माना तुमने
यह हो सकती है तरबूज़ सी।

ख़ैर!

मैंने झूठ कहा,
कि अन्दाज़न कह पाती हूँ
कितना है प्यार तुमसे।

सभी अनुमान मेरी भाषा की नाकामी हैं।
मुझे चाहिए कुछ विस्मयादिबोधक
आश्चर्य वाहक,
ये करते हैं मेरी नाकामियों का
विनम्र अनुवाद।

मरना कोई बीमारी नहीं

उम्र में मुझसे दस साल छोटे भाई का
हमारे खेल में यह पहला दिन था।
हम सभी ख़ुश थे,
अब से होगा एक छोटा मुर्गा,
जो हम सब से कम दुष्ट
और खेल में ईमानदार होगा।

उस दिन हमें खेलना था डॉक्टर डॉक्टर,
सबसे बड़ी बहन बनी डॉक्टर,
एक भाई कम्पाउण्डर,
बाकी कम उम्रों को मरीज़ बनने का अभिनय करना था।

छोटा भाई कर रहा था अपनी बारी का इन्तज़ार,
चादर से बनाये तम्बू में घुसते ही,
तपाक से बोला
डॉक्टर जी! मैं मर गया।
हम अवाक् रह गये,
बड़ी बहन गुस्से में बोली,
तुम्हें कहना होगा
दुखता है पेट, सर या कुछ भी,
या फिर कहो बुख़ार आया है,
मरना कोई बीमारी नहीं है।

उसने कहा उसके पहले के मरीज़,
पहले ही ये मशहूर बीमारियाँ गिन चुके थे,
उसने सोचा कुछ मौलिक कहना होगा,
हमारे खेल में अपनी जगह पक्की करना।

राई का दाना

उपेक्षा अस्तित्व के किसी अमूर्त हिस्से पर नहीं
सीधा दिल पर आघात करती है।
हर बार की दुत्कार से
हमारा दिल थोड़ा सिकुड़ जाता है।
एक दिन यह सिकुड़ कर इतना छोटा हो जाता है
जैसे राई का दाना,
राई का दाना इतना छोटा होता है
जैसे है ही नहीं,
लिहाज़ा चम्मच भर डालने की सलाह देती हैं चाचियाँ
जिन्होंने सदियों पहले समझ लिया था
उपेक्षा से मिले दुःख अपनी जगह
और अरहर की दाल का स्वाद अपनी जगह है।

प्रणय प्रस्ताव के प्रत्युत्तर में
तुम्हें देने के लिए
मेरे पास राई के दाने जितना दिल है,
यह तुम देखो
इतना छोटा दिल अगर ठीक होगा
प्रेम के लिए।

ज़ंग लगना

ज़ंग लगना लोहे की लोहे से विरक्ति है।
जैसे रेशम की शॉल का पड़े पड़े घिस जाना,
सभी कुछ जो नाज़ुक या कड़क है
टूटना चाहता है।
फिर भी ज़ंग लगना टूटने का सुन्दर ढंग है
पीस डालो ख़ुद को
बीच से रंग उतर आये,
धैर्य इतना कि दिल में छेद हो जाये
लोहे को सिर्फ़ लोहा नहीं काटता,
उसका अपना लोहा भी काटता है।

रेशम के कीड़े शॉल में छुपे रहकर
धैर्य से टूटते रहते हैं।
गेहूँ के अन्दर ही है घुन
मटर की आज्ञा है सुंडियाँ उसे खा जायें
गुड़ चाहता है उड़ती हुई मक्खियाँ रातोंरात उसे छक जायें
और गुड़ की ताकत से दिन भर भिनभिनाएँ
कौए चाहते हैं निसंग उड़ते हुए पकड़े जायें
पोखर में उगे फूल चाहते हैं
खेलते हुए बालक राह भटक यहाँ आ जायें।

मार्क्स की मूँछ से बाल झड़ रहे हैं

जहाँ बाल गिरता है,
श्रमिक पौधा लगा देता है।
प्रार्थना की यह कैसी विकृति
हाथ जुड़े हैं कि दिल जुड़ा रहे,
और जिस दिल में भरा पड़ा है काँच
वही कह रहा है दिल टूट जाये।

छुट्टियों में पेड़ों को भूल जाना

इमारत के प्रथम तल पर बने
अपने दफ़्तर में पहुँचते ही,
मैं ऊँचे पेड़ों का स्पर्श करती हूँ।

इन्हें स्पर्श करते ही मन में विचार आता है
मुझे दिमाग़ को ठण्डा रखना चाहिए,
आख़िर हम दुनिया में
लोगों की बातों का अच्छा बुरा मानने नहीं आये हैं।

फिर भी माहवार ऐसे दिन आते हैं
जब घर की चाबी से दफ़्तर का ताला खोलने की कोशिश करती हूँ
निर्भर करता है उन दिनों मैं कितना मिलीजुली,
कैसे घुलीमिली दुनिया से।

तीन दिन के अवकाश के बाद
मैं सुबह दफ़्तर आयी
तो पेड़ों को देखकर ख़याल आया,
इन छुट्टियों में,
मुझे एक बार भी इन पेड़ों की याद नहीं आयी।
कदम्ब के फूल जिन्हें देखकर लगता है,
इतना सुन्दर भी न हुआ करे कोई,
वही सुन्दर फूल मुझे बिल्कुल भूल गये थे।

ये पेड़ लम्बी छुट्टियों में मुझे याद नहीं आते
फिर भी यहाँ लौट कर तसल्ली करती हूँ कि वे हैं,
बदलते मौसम के साथ गहरे प्रेम में
हवा के झोंके पर झूलने को आतुर
इतने कातर इतने भावुक,
जितने स्थिर उतने आकुल।

मेरे पेड़ों ने कहा मुझसे,
अच्छा है
छुट्टियों में पेड़ों को भूल जाना।
उन्हें याद ना करना,
और लौट कर
झूठा लगने की हद तक प्रेम करना।
बार-बार इन्हें छूना
और कहना,
कैसे रही मैं इतने दिन दूर तुमसे।

दुनिया में बहुत काम करने आये हैं हम
जैसे दुनिया में खो जाना
लोगों की बातों का अच्छा-बुरा मानना
नष्ट करना अपने एकान्त को
बाद में पछतावे के लिए।
और विनय करना पेड़ों से,
इसकी बहाली के लिए।

शहरज़ाद उनींदी पड़ी है

शहरज़ाद उनींदी पड़ी है,
मृत्यु से बचने के लिए
क्या कोई अनवरत कहानी कह सकता है?

कथा पर सवार काफ़िले
अक्सर गन्तव्य से आगे निकल जाते हैं।
उन्हें कहानियों का अन्त ज़िन्दा नहीं रखता
धीरे-धीरे वे कथानक से रुचने लगते हैं,
हमारे मरने की मामूली कहानी
हमें मरने तक ज़िन्दा रखती है।

कहानियाँ दोहरा रही हैं ख़ुद को
हर कहानी किसी और कहानी में है,
घटनाएँ इसलिए भी बेतहाशा घट रही हैं
क्यूँकि हम मानने लगे हैं,
गति के दौर में विश्राम अपराध है।

एक हज़ार एक रातें बीतने वाली हैं
शहरज़ाद को आभास हो गया है
कि अनवरत कहानी के अन्त से पहले
सुल्तान को उससे प्रेम हो जायेगा।
पर शहरज़ाद का दिल जानता है

ख़ुद को ज़िन्दा रखने के लिए
इतने रतजगों के बाद,
उसे प्रेम से अधिक नींद की ज़रूरत है।

दो दृश्य

विच्छेद की घड़ी है
शिखर वार्ता चल रही दो प्रेमियों में
प्रेम आख़िर क्यूँकर सफल नहीं होता।
और सब्ज़ी वाला गली में हाँक रहा है,
टमाटर ले लो भिण्डी ले लो,
अरबी ले लो कदद्दू ले लो।

गली की औरतों को लगता है,
यह सब्ज़ी वाला बहुत महँगी सब्ज़ी बेचता है,
प्रेमिका को लगता है
उसने किया बहुत प्रेम
पता नहीं क्या है जो पूरा नहीं पड़ता।
गृहिणी फिर भी करती है मोल भाव,
उसी से तुलवाती है आधा किलो भिण्डी,
दो किलो प्याज और पाव भर टमाटर,
प्रेमी झल्ला रहा है,
क्यों टूटता है उसी का दिल,
वह नहीं करेगा अब किसी से प्यार।

गृहिणी की टोकरी में उचक रही हैं
मुट्ठी भर हरी मिर्च और धनिये की चार टहनियाँ,
जो शायद सब्ज़ी वाले की करुणा है,

सब्ज़ियों के बढ़ते दाम की सान्त्वना
ज़रूरी मनुष्यता,
या सफल कारोबार की युक्ति।

इधर प्रेमी चूम रहा है प्रेमिका को,
प्रेमिका का विदायगी आलिंगन,
जो शायद इनकी करुणा है,
बिछोह की पीड़ा का बाँटना,
या असफल प्रेम को सहने की युक्ति।

अवसाद के दिनों

अवसाद के दिनों
मैंने चाहा,
पौधों को किसी भी नियत से पानी दूँ
पत्तियाँ उगें,
बेल चल पड़े,
फूल खिल जायें
फल आ जायें
पत्तियाँ फूलों को सहलायें,
और समयानुसार झड़ जायें।

लेकिन ऐसा नहीं हुआ,
अवसाद के दिनों
बेल चली
फूल खिले
पत्तियाँ आयीं और झड़ गयीं
पर फूलों के चारों ओर
वे जैसे तैसे खिली थीं
जैसे मैं खड़ी थी लोगों के बीच,
अपनी आँखों से इस्तीफ़े बाँटते हुए।

सही इस्तेमाल

चुनाव प्रचार के दिनों में
उसके घर भी आये कपड़े के झण्डे।
रंग फीके पड़ गये थे,
पर कपड़ा था अभी मज़बूत
छपा हुआ था उस पर कुछ,
जिसे बस एक धुलाई की मार थी।
सीख रही थी वह सिलाई उन दिनों
जान रही थी कपड़े का सही इस्तेमाल,
उसके पास थीं कैंची, सूई और धागे की गुच्छी
तीनों थीं उसके हुक्म की गुलाम।
सोचा उसने दुपट्टा हिलाते हुए,
इससे बन जायेंगे तीन सुन्दर रुमाल।

खिड़की वाली सीट

जीवन में ख़ुशी के लिए कम ही चाहिए होता है,
वह कम कई बार बस इतना होता है
हमें जब बसों, गाड़ियों और जहाज़ों में यात्रा करनी हो,
तो हम इतने भाग्यशाली हों,
कि हमें खिड़की वाली सीट मिल जाए,
हम टिकट लेकर
बगैर सह यात्रियों से उलझे,
सामान सुरक्षित रखने के बाद,
आसानी से अपनी खोह में जा सकें।

घर से निर्जन के बीच ऐसी जगहें बमुश्किल होती हैं
जहाँ हम फूल जैसी हल्की नींद ले सकें
सैकड़ों पेड़ झुलाये नींद को,
या बादलों की सफ़ेदी ले जाये निर्वात की ओर।

इस छोटी-सी नींद से जगना चमत्कार जैसा है,
यह नींद हमारे छीजे हुए मन को सिल देती है
इस नींद से जग कर,
जैसे हम इस हैसियत में लौट सकें,
और ख़ुद से एक बार फिर पूछें,
कि हम कौन हैं,
भले इस प्रश्न के उत्तर में,
हम फूट-फूट कर रो पड़ें।

दो

कैमरे की आँख

मेरी टाँगें काँपने लगी थीं
क्यूँकि तुम खींचना चाहते थे,
मेरी सबसे सुन्दर तस्वीर।
ऐसे आग्रह पर,
कुरूप जो छिपा हुआ था कब से,
यकदम बलवान हो गया।
अभी तक जो जमा रखे थे चीड़ की सूखी पत्तियों पर पैर,
अचानक डगमगाने लगे थे।

कैमरे की आँख दुष्टा है
आईने से चार क़दम चतुर,
गम्भीरता की ओट में,
हमारी आँखों की पुतलियों से मखौल करती है।
कैमरे में बैठा कोई मनचला,
हमारे असुन्दर होने की वेदना का मज़ा लेता है।

इतना घबरा गये हैं ख़ुद के साथ रहते-रहते
कि ख़ुद की तस्वीर आश्चर्य से देखते हैं,
फ़ोटो देखते हैं या ख़ुद को किसी और की नज़र से देखते हैं
अपने चेहरों पर रेत घड़ियाँ देखते हैं।

व्यग्रता से देखूँगी मैं यह तस्वीर

परीक्षा का परिणाम देखती हूँ जैसे,
अरे! बहुत छूट गया है इसमें
मसलन
मेरी काँपती हुई टाँगें।

हैलो

(फ़िल्म 'आँखों देखी' में संजय मिश्रा की आवाज़ के लिए)

अनजान नम्बर से फ़ोन करने पर भी,
लोग हैलो से हमें पहचान जाते हैं।
हम इतरा जाते हैं,
धूल चढ़ी हुई इस आवाज़ के बावजूद,
फ़ानी दुनिया में हम कोई तो वजह रखते हैं।

हैलो की आवाज़ें पृथ्वी के निर्वात को
मेहनत और लगन से भरती हैं।
इन आवाज़ों में मध्यान्तर की तरह
बर्तन गिरने,
बम फटने,
कुहासे, अँधेरे और लापरवाही के कारण भिड़ती गाड़ियों की,
गर्म तेल में जीरे के फूटने की,
बाँध से रुकते हुए पानी की,
झींगुरों की,
और
बच्चों के गुब्बारे फटने की,
आवाज़ें आती हैं।
लेकिन प्रथम पुरस्कार मिलता है हैलो को,
इसकी नियमितता और अनुशासन निमित्त,
इस मान-पत्र के साथ कि हैलो की आवाज़ें,

पृथ्वी को गृहस्थ ग्रह तस्दीक करती हैं।

एक लड़का अपनी आवाज़ सुनने के लिए,
पहाड़ पर चढ़ कर चिल्लाता है हैलो!
जवाब में चिल्लाती हुई आवाज़ आती है हैलो!
यह सुनकर मुझे सन्ता की याद आती है,
सन्ता बन्ता को फ़ोन करता है,
और पूछता है
कौन बोल रहा है?
बन्ता कहता है
मैं बोल रहा हूँ।
सन्ता कहता है कमाल है यार !
इधर भी मैं बोल रहा हूँ।
इस तरह हम हैलो हैलो करते,
कमज़ोर नेटवर्क की शिकायत से आँखें बन्द कर लेते हैं।
निराश आँखें हर तरफ़ हैलो देखती हैं,
प्रश्न में हैलो और उत्तर में भी हैलो है।
जबकि उसने मान लिया वह एक हैलो है,
किसी और को पड़ता हुआ घूँसा राजे बाबू की आँख में पड़ता है,
आँख ऐसी खुलती है संयुक्त परिवार के व्यस्त आँगन में,
सर्दियों की एक सुबह
कि वह उद्घोष करता है
आज से और अब से,
वह हैलो नहीं है।

ट्यूलिप

पलँग पर बिछी है चादर
जिस पर ट्यूलिप के फूल छपे हुए हैं,
असली ट्यूलिप से बहुत बड़े
छूने में फूल नहीं,
और सुगन्ध जैसे कपड़े में छूट गये साबुन की,
फिर भी ये ट्यूलिप हैं
दूसरी तरह के ट्यूलिप।

पर्दों पर फूल हैं,
गलीचे पर फूल
खाने की प्लेट पर फूल हैं
पहनती हूँ अक्सर वे कुर्ते
जिन पर छपे रहते हैं फूल,

क्या हमें फूलों की इतनी याद आती है?
क्या हम फूलों की याद में रहते हैं?

हमें चुभता है कुछ शायद
फूल जिसे सहलाते रहते हैं,

मेरी दोस्त ने पहनी थी कमीज़
जिस पर अनाम कोई फूल छपे थे,

मैंने पूछा जानती हो क्या नाम है इनका
उसे नहीं अच्छा लगा यह प्रश्न
कोई ज़रूरी नहीं है नाम हो फूलों का
और ज़रूरी नहीं कि पहनी हुई हर चीज़ का नाम मालूम हो,

ऐसे दोस्त की खीझ से मुझे पता चला
जिज्ञासाएँ लिजलिजी भी हो सकती हैं।
इसीलिए मैंने रोक लिया ख़ुद को
जब मैं पूछना चाहती थी दर्ज़ी से,
क्या वह ध्यान रखता है इस बात का
कि लड़कियों की कमीज़ की तुरपाई करते हुए
फूलों की डण्डियाँ बेरहमी से नहीं कट जायें।

जासमीन के सूखे हुए फूलों की चाय पीते हुए,
मैं फ़िल्मों की नायिका की तरह रूमानी हो जाती हूँ।
बालकनी में खड़ी होकर सड़क को देखती हूँ
यह जो महक रहा है चाय के संग
यह चाय नहीं कुछ और होगा।

मेरे अधिकतर कवि मित्र
प्लास्टिक के फूल पसन्द नहीं करते।
एक कवि मित्र ने मेरी फ़ोटो देखी
मेरे चेहरे के पार्श्व में प्लास्टिक के टयूलिप का गुलदान पड़ा था,
कवि मित्र हैरान और निराश हुआ
कि हम प्लास्टिक के फूलों से घर की सजावट करते हैं,
कौन कहे कवि मित्र से
ये भी ट्यूलिप हैं,
तीसरी तरह के ट्यूलिप
तीनों तरह के ट्यूलिप में आपसी कोई मतभेद नहीं।

सदमे से उबरने का पहला दिन

काम पर लौटने का निर्णय करके
साहस जुटा कर घर से निकलती हूँ,
चौक पर पहुँच कर याद नहीं आता
किस तरफ़ मुड़ना है,
सड़क का जाना पहचाना शोर
याददाश्त से कोई याद नहीं टटोलता।
सदमे से उभरा वैराग्य
छोटी दुश्मनियों और नफ़रतों से आज़ाद कर देता है।
यह वैराग्य ऐसे बिषाद से परिचय कराता है
जो अपने नयेपन की वजह से इतना अजनबी होता है
कि भरे हुए पेट में तुरन्त ख़ालीपन भर देता है।
और मुँह से स्वाद छीन लेता है।

ऐसे पहले दिन में
मुझे अपनी पहचान के पुराने दुःखों की याद आती है।
दुश्मनियों और नफ़रतों की याद आती है
जो इस तरह रच बस गयी थीं जीवन में
दुःख की अनिवार्यता का धर्म भी निभ रहा था,
और दिन फिर भी अच्छा गुज़र रहा था।
बनिस्बत इस दिन के
जो अपने नवजात अजनबीपन के कारण
मेरी रोज़ की सड़कों से मुझे बेगाना कर रहा है।

सर्दियों की बारिश

बाहर भले ही ठण्ड है
सर्दियों की बारिश फिर भी जल रहे माथे पर रखी ठण्डे पानी की पट्टी है,
इस बारिश में भीगने से ज़ुकाम हो जाने का डर आधा सच्चा और आधा झूठा है।

उस भीगे हुए को मैंने सड़क पार करते हुए देखा,
बारिश की गोद से उचक उचक जाते हुए देखा,
जब उसे कोई नहीं देख रहा था
उसे अपने आप को गुदगुदाते हुए देखा।

बारिश की आवाज़ में वह खलल नहीं डालता,
बाहर अगर बारिश हो
तो पायदान से पैर रगड़ कर
पाँव में लगी बारिश और मिट्टी को झाड़ कर
दबे पाँव कोमल क़दमों से वह अपने घर में घुसता है।
भीगा हुआ
पर अन्दर से ख़ुश
जैसे कोई धन लेकर घर लौटता है।

मैंने देखा उसे
लौट कर घर वालों से बात करते हुए,
बारिश में सड़क पार करने की बात को
रोज़नामचे से काटते हुए

निजी और सार्वजनिक राय को अलग करके
बारिश के सुख को राज़ की तरह छुपाते हुए,
तौलिए से बालों को पोंछता
वह सभी को बताता है
आज बहुत बारिश थी,
सड़कें कितनी गीली
रास्ते फिसलन भरे
पर वह सही सलामत घर पहुँच कर बहुत ख़ुश है।

बूढ़ा और बच्चा उर्फ़ दादा और पोता

विलम्ब बूढ़े लोगों का गुण है
उनके भीतर स्पन्दन है
पर चेहरे स्थिर और विलम्बित हैं।
उनके चेहरों के सामने
समाज अपने बदलाव पटकता है,
बूढ़े चेहरे पटक पटक कर बदलाव को परखते हैं,
और बमुश्किल मोबाइल फ़ोन जैसी चीज़ के लिए
हामी भरते हैं।

बूढ़े लोग शान्त चेहरों से युद्ध लड़ते हैं।
लगभग सभी विवादों और दुखों का अन्त वे जानते हैं,
लगभग तय जीवन में वे सतत जिज्ञासु और आशावान बनकर जीते हैं,
उनका प्रिय विषय अतीत है,
और सबसे बड़ा हथियार विलम्ब है।

अनुभव भयावह और आकर्षक शब्द है,
एक युवक सुबह उठकर
अनुभवहीन होने के बोध से बौखला उठता है,
अनुभव को अपनी ओर करने के लिए,
वह घर छोड़ कर व्यापार करने चला जाता है।

हम जानते हैं

ऐसी यात्राओं में,
पुत्रों को
राक्षस मिलते हैं,
रास्ते में
राक्षसों की मायावी रूपवान पुत्रियाँ मिलती हैं,
जो मुसाफ़िरों को रूप जाल में फँसा कर उनकी हत्या कर सकती हैं,
कुएँ मिलते हैं जो प्यास नहीं बुझाते,
और मुसाफ़िरों को वश में कर लेते हैं
ऐसे संकट से उन्हें बचा लेती है बिल्ली,
या किसी साधु का किया हुआ कोई संकेत।

संकेतों की भाषा में पारंगत होकर,
पुत्र अन्ततः कारोबार में सफल होते हैं।
और बहुत सारा गुप्त जीवन लेकर घर लौटते हैं,
पुत्र बताना चाहता है यात्रा में उसके साथ क्या हुआ,
बताने की आकुलता में वह मौन हो जाता है,
और पिता मुस्कुरा देता है।

पिता पुत्र के ऊपर नहीं,
उसके गुप्त जीवन पर भरोसा करता है।
वह पुत्र के लिए पुत्र की कामना करता है,
जिसके साथ निरस्त्र होकर,
विलम्ब सिद्ध और अतीतजीवी बूढ़ा,
द्रुत और अविलम्ब खेलता है।

चम्पा का पेड़

चम्पा के पेड़ से बात करना धैर्य का अभ्यास है
ख़ुद आगे बढ़ कर यह पेड़ बात नहीं करता,
पत्तियाँ खर खर नहीं करतीं कि शरद द्वार खड़ा है,
शीत हवाओं के निहोरे से अलबत्ता चुपचाप झरता है,
इतना दूर नहीं उगा
कि संकल्प करके इसे कोई ढूँढ़ने निकले,
इसके नाम से नहीं होता एक प्रान्त अलग दूसरे प्रान्त से,
मिल जाता है धूल भरी सड़कों के किनारे शहर दरबदर
क़तार में एकान्त में
स्वान्तः सुखाय,
गलियों बागों बगीचों में
रास्तों को रौशन करता,
प्रतीक्षा मुक्त,
न मधु न भ्रमर।

चम्पा के पेड़ पर कुछ भी उलझा हुआ नहीं है,
पत्तियाँ मुश्किल से एक-दूसरे को स्पर्श करतीं,
फूल खिले हुए टहनियों पर विरक्त,
ऐसी निस्पृहता!
जीवन है तो ऐसी निस्पृहता क्यूँ मेरे पेड़!
कौन है तुम्हारे प्रेम का अधिकारी,
सर्वत्र तो दिखते हो,
मन में किसके बसते हो।

उत्तर मिला धीरे-से,
निस्पृहता मेरा ढब है।
प्रतीक्षा में रत हूँ उस पथिक की,
जो जानता है,
सत्य पृथ्वी परायण होते हुए भी उभयचर है।
निर्द्वन्द्व है पर करुणा से रिक्त नहीं,
मैं उस पथिक के प्रण पर नहीं उसकी ऊहापोह पर जान देता हूँ।
जो सत्य की प्रतिष्ठा ऐसे करता है
जैसे आटे को सिद्ध करती स्त्री,
परात में
कभी पानी और डालती,
कभी आटा और मिलाती है।

खेल समारोह में

खेल समारोह में
दर्शकों के पाले में बैठकर,
मैं देखती हूँ
खिलाड़ी गरमा रहे हैं ख़ुद को,
दूर से वे लग रहे हैं दौड़ते हुए सफ़ेद जुराबों के जोड़े,
उड़ते हुए गुब्बारे अब खो गये हैं,
पाले में बैठे बच्चों ने समझ लिया है,
सभी गुब्बारे खेलने के लिए नहीं,
कुछ गुब्बारे
विधान के लिए आरक्षित हैं।

मुख्य अतिथि ने खोल दिया है कबूतरों का पिंजरा,
फड़फड़ा कर कबूतर उड़ गये हैं।
कबूतर शायद गुब्बारे बन गये हैं,
और गुब्बारे कबूतर
सभी ने छोड़ दिया है मैदान,
और मैदान के ऊपर का आकाश,
कौन क्या है,
कुछ पता नहीं चलता।

खिलाड़ियों का आह्वान करने वाला संगीत बज रहा है,
जलती हुई मशाल की लपटें धूप में अदृश्य हो रही हैं,

शायद पहुँच रही है इसकी गर्माहट
खिलाड़ियों के तलवों तक,
पर नहीं पहुँच रही इसकी गर्माहट मेरे पैरों तक,
इन्हें दी गयी है जलावतनी किसी बर्फ़ीले टापू पर,
जो कि जुराबों के बीच भी सदा सर्द रहते हैं।

इन शीत टापुओं से बेख़बर,
खिलाड़ी पहुँच गया है आरम्भ बिन्दु पर,
जिसे जैवलिन से लिखनी है कविता,
धरती के सीने पर,
उसने दाग दी है जैवलिन
ज़मीन को छूते ही
वहाँ से मिट्टी उखड़ गयी है,
यह जैवलिन चुभी है मेरे सीने में,
और यह जो उखड़ा है
वह लहू है
पर इसके छींटे नहीं पड़े मैदान पर।

आह्वान का बचा हुआ संगीत
शोक धुन बन गया है,
कीपर ने बजा दी है सीटी,
अगले खिलाड़ी की बारी के लिए,
जैसे कुछ नहीं हुआ हो
जैसे किसी के पैर यहाँ सर्द नहीं जुराबों में।
जैसे अभी-अभी जो जैवलिन ने उखाड़ी,
वह मिट्टी भर थी,
कुछ और नहीं।

ततैये

कि आप बौराए हैं
तितलियाँ आख़िर क्या सूँघते हुए उड़ गयीं आपके कपड़ों से,
सुबह होते ही सब कह रहे हैं सुप्रभात सुप्रभात
आपसे नींद में क्या माँग लिया हमने
कि विनम्रता से मना भी कर रहे हैं,
और शुभकामनाएँ भी दे रहे हैं,
लीजिए! स्वीकार हैं शुभकामनाएँ
जबकि हमारा मकसद है दिन भर यह देखना
कि उबासियों से ज़्यादा निश्चित क्या है दिन में।

दोपहर सही वक़्त होगा शुभकामनाओं से बचने का
ततैया अधिष्ठाता है गर्मी की दोपहरों का,
लोगों की ऊँघ से बढ़ रहा है इसका पागलपन
नाच-नाच कर गोल-गोल
चूस रहा है सारी शुभकामनाएँ,
छोटे से छोटा ईश्वर
ततैये के डंक से बचने की प्रार्थना नहीं सुनता
कैसे बचायेंगी हमें शुभकामनाएँ
इसके लिए ठण्डा पानी पीकर सोचना होगा।

रात के बढ़ते बढ़ते
आप फिर कहेंगे शुभकामनाएँ,
जबकि हमारा मकसद है ये देखना
कैसे बिताते हैं रात ततैये
शुभरात्रि से बचने के लिए।

धोखा होना चाहता है

पीठ पर बस्ते लादे
भेड़ों जैसा झुण्ड बनाकर,
हम सुबह स्कूल में दाखिल होते,
और नीम आँखों से क़दम नाप कर
प्रार्थना सभा में पहुँच जाते थे।

प्रार्थना सभा में हमने कनखियों से संसार को देखा।
हमारे भीतर ऐसी मशीन तैयार हो चुकी थी,
जो हमारी जगह पर रोज़ नेकी पर चलने,
और बदी से टलने की प्रार्थना कर देती थी।
मज़ा तो बिल्कुल नहीं आ रहा था,
पर ऐसा भी नहीं कि धोखा हुआ हो।

फिर एक दिन,
मैं अकेले और खुली आँखों से स्कूल पहुँची।
हम एक रिश्तेदार की शादी से घर देर से पहुँचे थे
देरी से स्कूल आने की अग्रिम आज्ञा माँ ने ले रखी थी,
इसलिए वर्दी पहना कर तुरन्त मुझे स्कूल रवाना कर दिया।

स्कूल में मध्यान्तर का उत्सव था
पर मैं आज उत्सव का हिस्सा नहीं थी।
स्कूल इतना अजनबी लग रहा था,

कि मैं रोते-रोते घर लौटना चाहती थी।
जिन सीढ़ियों को रेल समझकर हम उतर जाया करते थे,
वह जादुई गुफ़ा लगने लगी।
जैसे कि हम जब सौर मण्डल के दूसरे ग्रह के बारे में पढ़ रहे होंगे
पृथ्वी पर हमारी पकड़ कम हो जायेगी,
और कोई पत्थर से सीढ़ियों को बन्द कर देगा।

क्लास में जाने से पहले,
नीम का पेड़ देखा,
इसकी चिन्दी चिन्दी पत्तियाँ,
मुझे डराने लगीं
बेमौसमी ठण्ड से पैर ठण्डे हो गये।

घण्टी बजते ही,
मध्यान्तर में उगने वाली सैकड़ों आवाज़ें,
मन्द पड़ने लगीं।

मेरी क्लास के लड़के
पसीने से भरी हुई कमीज़ों में,
अभी-अभी पाताल से आये बौने लग रहे थे।
गलबहियाँ डाले डोलती हुई लड़कियाँ,
जो आज मेरी सखियाँ नहीं थीं,
हल्के चुटकुलों पर लहालोट हो रही थीं।

उस दिन से मेरे दो हिस्से हो गये,
एक जो स्कूल जाता रहा,
और दूसरा जो सदा-सदा के लिए अकेला हो गया।

तीन

अनानास

बेवजह अनानास ख़रीद लेती हूँ मैं
मुलायम फलों के बीच इसकी काँटेदार कलगी
शहर के बीच जंगल की याद दिलाती है।
दोस्तों को खिलाये हैं मैंने अनानास के कई व्यंजन
उन्हें बताती हूँ यह स्वास्थ्य के लिए बहुत गुणकारी है।
कायदे से मैंने इसके गुणों पर कोई लेख नहीं पढ़ा है
ज्ञान की मौखिक परम्परा ठेलते हुए,
मैं समाज में सुरक्षित महसूस करती हूँ।

अनानास की जंगली गन्ध और चुभती हुई मिठास,
ज़ुबान को सच बोलने के लिए उकसाती है।
इस जंगली सुगन्ध और चुभती हुई मिठास के सहारे
क्यों न दोस्तों से आज यह कह दिया जाये,
आत्मा का घाव बहुत गहरा है
हमारी दोस्ती के अनुबन्ध इस गहराई को सोख नहीं पाते।

यह अनानास का अद्वितीय गुण है
कि ज़रूरी चीज़ों की सूची बनाते हुए कभी याद नहीं आता,
घर इसके बगैर ऐसे चलता है जैसे
जीवन की ख़ुशी में इसका कोई स्थान नहीं
घर प्रेम के बगैर भी चलने लगता है जैसे
जीवन की ख़ुशी में इसका कोई स्थान नहीं

फिर भी इन्हें देख कर मैं इनकी ओर ऐसे लपकती हूँ,
जैसे मैं केवल प्रेम करने,
और अनानास खाने ही दुनिया में आयी थी।

मैं और मेरे विद्यार्थी

मैं और बी.ए. भाग दो के विद्यार्थी,
सप्ताह में पाँच दिन,
सुबह ठीक 9 बजे
लाजिमी अंग्रेज़ी की क्लास के लिए
35 नम्बर कमरे में पहुँचते हैं
विद्यार्थी मेरा अभिवादन करते हैं
मैं उनका धन्यवाद करती हूँ।

ज़्यादातर विद्यार्थी सोचते हैं जीवन बस जीवन है,
कोई कला नहीं,
जब तक मैं नहीं बताऊँ कविता क्या कर सकती है,
उन्हें नहीं लगता कविता कुछ कर सकती है,
दो-तीन विद्यार्थी हैं मेरे जैसे इस कक्षा में,
भावुकता, व्यग्रता और जिज्ञासा की तिहरी चपेट में,
इन विद्यार्थियों से मैं कहती हूँ ख़ुश रहा करो,
विचारमग्न ये विद्यार्थी
जिसे सीख समझना चाहिए
उसे आशीष समझते हुए
कृतज्ञता से थोड़ा और दब जाते हैं।

खैर! अगले पचपन मिनट हम साथ रहते हैं,
मैं शुरू करती हूँ कविता पाठ
सरलार्थ और सप्रसंग व्याख्या

बहुत मुश्किल से समझा पाती हूँ
थेम्स नदी के तट पर खड़ा कवि
अतीत, वर्तमान और भविष्य के सन्धिकाल में,
उदास क्यूँ है।

विद्यार्थी चुपचाप सब सुनते हैं
असहमति के अवसर पर
हम इस बात पर बात को बिठा देते हैं,
कि कविताओं के मामले में सभी की निजी राय हो सकती है।
हमारी असहमतियाँ विनम्रता और आदर की हद में रहती हैं,
कविता के सारांश पर बात करते हुए,
मेरी आवाज़ धीमी हो जाती है,
और अन्ततः मैं किताब बन्द कर देती हूँ।

बचे हुए कुछ मिनटों में,
हम एक-दूसरे से बिछुड़ने लगते हैं,
कुछ विद्यार्थी घुस जाते हैं सफ़हे के हाशियों में,
और नीली स्याही से हाशियों में फूल, पत्ते, झोंपड़ियाँ और
स्तब्ध मनुष्य की भंगिमाएँ बनाते हैं,
शरारती विद्यार्थी अख़बारी जिल्द पर छपी अभिनेत्री की मूँछ बना कर,
और अभिनेता के होंठों पर सुर्खी मलकर,
यथार्थ को अचानक कुछ आसान कर देते हैं।
और इधर मैं सोचती हूँ,
क्या सारांश पाठ की नैतिक ज़रूरत है?

घण्टी की आवाज़
हमें हाशियों से वापस खींच लेती है।
और परिचित हड़बड़ाहट में हम दुनिया से वापस जा मिलते हैं।

दुःख और मिठाई

माँ से पहली बार मार खाने के बाद,
वह सुबक रही थी।
उसने चीनी खायी,
उसे अच्छा लगा।

सहेलियों ने उसकी उपेक्षा की,
वह रो रही थी।
उसने टॉफ़ी खायी,
उसे सुकून मिला।

उसका दिल टूटा,
उसे घुटन हो रही थी।
उसने चॉकलेट खायी,
उसे हल्का लगा।

दुःखों के सामने,
छोटी मोटी बुद्धि, चालाकी
और हास्य बोध किसी काम नहीं आता।
दुःखों को सहने में इनकी भूमिका सन्दिग्ध थी
जबकि आलू और गुलाबजामुन खाकर
तुरन्त राहत मिलती थी।

इस तरह
इससे पहले,
कि दुःख उसे घेरते,
वह कुछ न कुछ खाने की इच्छा से घिर जाती।

बस एक दिल था,
बोझिल नाड़ियों से ख़ून सींचता सींचता,
अब हायतौबा करने लगा था।
रक्तचाप की गुपचुप भाषा में,
दिल के नये दुःख सुना रहा था।

बीच से शुरू करते हैं

बीच से शुरू करते हैं,
तुम मेरी दोपहर के बारे में पूछो,
जून जुलाई की सुस्ती की बात करो,
चौंतीस साल की उम्र के दुःख के बारे में पूछो।

तिरक्ष के सबसे गुमनाम बिन्दु पर मिलो,
इसी गुमनामी मैं निर्भय सोती हूँ,
किनारों की कल्पना व्याकुलता है,
मेरी प्रार्थना में पार लगने की गुहार नहीं।

पेड़ की जड़ और फल में बड़े प्रयोजन हैं।
मैं मध्य में चुपचाप तुम्हारी राह ताकूँगी,
उस तने के साथ,
जिसे तुम सबसे चोरी पर बड़े ईमान से गले मिलते हो।

मैं अब-बीच से किताबें पढ़ने लगी हूँ।
पहले बीच-बीच से,
फिर आरम्भ से अन्त,
और फिर भूमिका,
यही तरीका ढूँढ़ पायी हूँ
किताब को पूरा पढ़ने का।

मुझे बीच का कौर खिलाना,
न पहला जिसे तुम भूख के मारे निगल जाते हो,
न आख़िरी जिसे खाते हुए तुम विरक्त हो जाते हो,
मुझे बीच का निवाला खिलाना,
जिसे तुम बेध्यानी में बामौज खाते हो।

चपरासी, घड़ी और घण्टी

तपने से नहीं बनती हर चीज़ कुन्दन
या फिर यह बात पीतल पर लागू नहीं,
पीतल की घण्टी बरसों से लटक रही,
और हर दोपहर तप रही,
पर पीतल का ही राशिफल लिए।

चपरासी पीतल के चकले को पीटता है
घण्टी चपरासी को औकात में रखती है
घड़ी दोनों पर नज़र रखती है,
और यूँ बनता है त्रिकोण प्रेम प्रसंग।

चपरासी सेवानिवृत्त होता है
घण्टी से मुँह घुमाये घर लौटता है,
लम्बी तान कर सोता है,
नींद में देखता है घड़ियाँ,
और बौखला कर उठता है।
पीतल के चकले को करता है याद,
चद्दर तान कर फिर सो जाता है।

सब्ज़ी जलना

सब्ज़ी जलने से कुछ क्षण पहले
घर में सम्मोहक गन्ध फैल जाती है,
यह गन्ध उस बिन्दु का आगमन है
जब घी बर्तन से छूटने लगता है,
स्वाद और गन्ध विरक्ति में परिणित होते हैं।

वह हल्के हाथों से
सब्ज़ी हिलाकर
कड़ाही के छोर पर
करछुल से ठक ठक करती
अग्नि को विदा देती है।

किसी दिन वह इस अन्तिम स्पर्श से चूक जाती है
सम्मोहक गन्ध से उसे झपकी आती है,
झुँझला कर जगती वह
जली हुई सब्ज़ी को देखती है
रसोई की खिड़कियाँ खोल देती है
और दिन भर उदास रहती है।

काला चींटा

काला चींटा मेहनतकश प्राणी है।
आपके कन्धे पर किसी सहारे के लिए नहीं चढ़ता,
आप तो इसके रास्ते में आ गये,
उसे लगा आपकी देह साँस लेता हुआ महाद्वीप है,
रास्ता भूल जाने पर काट कर देखता है,
कहाँ है इस महाद्वीप का अन्तिम छोर।

महाद्वीप नहीं सहन करता कोई गुस्ताख़ी,
हमारे घर में हमीं से बदमाशी,
तुरन्त रद्द कर दी गयी चींटे की यात्रा,
और उसे कन्धे से झाड़ दिया गया।

फ़र्श पर गिरा चींटा लड़खड़ाती टाँगों का सन्तुलन बिठाता है।
और काफ़िले से जा मिलता है,
अभी हम खड़े हैं उस बिन्दु पर,
जहाँ हम चाहते हैं,
यह घर चींटों से मुक्त हो जाये,
और चींटे करते हैं कल्पनाएँ,
दुनिया की हर चीज़ काश बताशा हो जाये।

अख़बार

बहुत पुरानी बात है,
जब वह बूढ़ी हुई थी।

उसके बैग में कई कार्ड हैं,
जिन्हें दिखाने से वरिष्ठ नागरिकों को
बैंक में जमा पैसों पर ब्याज अधिक मिलता है,
सरकारी बसों में किराया आधा लगता है
ज़ाहिर है वह घबरा जायेगी,
ये कार्ड गुम नहीं होने चाहिए।

सर्दियों में पालक और गाजर की क्यारियाँ बनाते हुए
आँगन के आम पर दवा छिड़कते हुए
उँगलियों की वर्जिश के लिए
फ़र्नीचर को मलमल के कपड़े से पोंछते हुए,
वह सोचती थी,
जीवन का एक नियम है
मेहनत करो और फल पाओ।

माली उससे चाय की उम्मीद नहीं कर सकते,
और भिखारी गर्म कपड़े की,
बच्चों को इस घर से अपनी गेंद वापस नहीं मिलती,
वह इतनी बूढ़ी हो चुकी है,
कि शिष्टाचार और करुणा से उसका भरोसा उठ गया है।

वह समय पर दवाइयाँ लेती है,
दवा की अवसान तिथि जाँचने के बाद।
अस्पताल में चैक अप करवाती है,
किसी शोक सभा में नहीं जाती,
पार्क में बैठी पड़ोसनों से मिलकर गपशप नहीं करती
उसे किसी और का जीवन इतना दिलचस्प नहीं लगता,
चुगली के रूप में जिससे ईर्ष्या की जाये।

दुनिया को उसने अपने सामने से हटा दिया था,
वह जानती थी यह दुनिया अगर मिल भी जाये तो क्या है।
दुनिया का भारीपन,
घर के अन्दर आसानी से नहीं दाख़िल हो सकता था,
यह भारीपन हल्का काग़ज़ होकर सुबह घर आता।
जिसे वह हाथों हाथ लेकर,
चाय के साथ,
दो घण्टे सुबह,
और शाम को
नियमित लेती थी।
अनिद्रा की रातों में
आधी रात को भी पन्ने पलट लेती,
और पढ़ते-पढ़ते ऊँघने लगती।

शरद पूर्णिमा

क्लान्त जबकि सभी जगहें होने लगी हैं
तुम्हारी कला का मेरे चन्द्रमा अन्त नहीं है।
मैं लौटी हूँ एकान्त में
यानी ऐसी रात में
चाँदनी जो बरस जाये,
तो फूलों की तरह चुन सकती हूँ।

वंचना होगी इस रात से पूर्व और रातोत्तर भी होंगी,
प्रचुर रात में केवल प्रचुरताएँ सहज हैं।
चाँदी के गहनों की मुझ शौक़ीन को क्या वंचना
शरद के चाँद की संगति में बालों की डोरी भी चाँदी की
चन्द्रबाला का धैर्य चाँदी का
चन्द्रकान्ता का साहस चाँदी का।

चन्द्रबिन्दु है शरद पूर्णिमा का चाँद
पूर्णिमाओं की वर्णमाला में,
आधे 'न' की खिड़की से देखो,
इस पार गर्मियों के लम्बे दिन
उस पार सर्दियों की लम्बी रातें हैं।
आदि कवि जन्म रहा शरद की पूर्णिमा में
चन्द्रमोहन की प्रतीक्षा चाँदी की
चन्द्रबलि की आकुलता चाँदी की।

एकान्त का वर पाया चन्द्रमा से
घटना बढ़ना और खिलना,
खिलना बढ़ना और घट जाना
लौटना फिर फिर अकुण्ठ,
शरद की पूर्णिमा में
एकान्त को पवित्र करना
पारिजात की सुगन्धि से।

एकान्त के अरण्य में

अन्ततः यह सम्भव हुआ
दो जीवों की असमानता के बीच,
सम्बन्ध का संयोग जगा।

इस घर में मैंने सामान से अधिक बोझ लेकर आयी थी
फिर यहाँ खिलने लगा एकान्त का अरण्य,
इस घर में रहती थीं छिपकलियाँ
जिन्हें मैंने असल में पहली बार देखा।
न्यूनतम सटीक देह,
चुस्त लेकिन शान्त मुख।

छिपकलियाँ एकान्त के पार्षद की तरह घर में रहतीं
और मैं व्याकुलता की बन्दी की तरह।
निश्चित ही आसान नहीं था
छिपकलियों से प्रार्थना करना
इनके वरदान पर भरोसा करना
पर इससे कहीं मुश्किल काम मैं कर चुकी थी,
जैसे मनुष्य से करुणा की उम्मीद करना।

दूरियाँ बनी हुई हैं जस की तस
अतिक्रमण नहीं है अधिकारों का
छिपकलियाँ दीवारों पर हैं

और मैं अपने बिस्तर में
फिर भी एक दीवार अब टूट चुकी है।
एकान्त के अरण्य में,
आत्मीय एक फूल खिल गया है।

चार

नाम और लाड़ के नाम

उन्होंने मेरे नाम को छोटा किया
जिन्होंने लाड़ से पुकारा,
अधिकार का पहला संकेत
मुझे मिलता है किसी घरु और लाड़ले नाम से।

पैंतीस की उम्र में
मेरे पास अपने नाम के छोटे बड़े कई युग्म हैं।
ये युग्म माँ के लिए अकल्पनीय हैं,
उसने मेरा यह नाम सोचा,
मेरे पैदा होने से पहले
अपनी एक विद्यार्थी के नाम पर,
जो उसे कक्षा में सबसे प्यारी थी,
पहनती थी सलीके से यूनिफार्म
और अँग्रेज़ी लिखने में होशियार थी।

मैंने कभी नहीं देखा वह कौन लड़की है,
जिसे माँ ने इतना प्रेम किया
कुछ विद्यार्थी लड़कियाँ होती हैं,
जो स्मृति में तो रहती हैं
लेकिन दसवीं के बाद आँखों से ओझल हो जाती हैं।

माँ चौकन्नी हो जाती,

जब किसी ने मेरा नया नाम रखा।
उसे डर लगता,
शायद मैं प्रेम में पड़ रही हूँ
या ऐसी दोस्ती में,
जहाँ मेरा दिल टूट सकता है
वह सुबह मुझे जगाती,
मेरे नाम का शुद्ध उच्चारण करते हुए।
ऐसी चेतावनी को मैं हँस कर सुनती,
जबकि दूसरे नाम कानों में तैरते रहते।

प्रेम के न रहने का,
दोस्ती के छूट जाने का,
पहला संकेत वही रहता
घरु लाड़ला नाम वापस ले लिया जाता है।
और मुझे सुनना पड़ता है अपने नाम का,
ठण्डा और उदासीन उच्चारण
जैसे कोई सुनता है,
न्यूज़ रीडर से भूकम्प में बच गये लोगों के नाम की सूची,
जिन्हें अभी तक कोई घर से लेने नहीं आया है।

पश्च-दृष्टि से हानि

भूल जाओ पश्च-दृष्टि
दीर्घदृष्टि और पुनर्विचार
इतिहास और अनुभव से लद जाओगे,
और मुझे भी निःशब्द करने वाले तर्क दोगे।

पश्च-दृष्टि से निकलती हैं छनी धुली बातें,
पर मैं जानना चाहती हूँ
इतिहास की विस्मृति में,
अनुभव को चित करता
तुम्हारा आकस्मिक
और अपरिपक्व उत्तर।
तभी करते हो
तुम प्यार भरी हाँ
और विनम्र ना।
नहीं तो देते हो मुझे हवाला
उन सभी अनुभवों और सन्दर्भों का,
जिनका मैं हिस्सा नहीं हूँ।

इतिहास को समझने के लिए
चाहिए मुझे तुम्हारा
आकस्मिक उत्तर,
उसकी ताज़गी में

मैं देख पाती हूँ बेहतर
कड़क लिहाफ़ में छिपी मूँगफली,
पके दानों में भरा इसका ताज़ा तेल।

कवि सुन्दर

कवि नहीं दिखते सब से सुन्दर
आत्म लीन और मगन मुद्राओं में,
न लिखते हुए अपनी आत्मा के दुःख,
न किताबें पढ़ते हुए,
न करते हुए बातें प्रेमिकाओं से,
न कसते हुए तंज़ तानाशाहों पर,
न करते हुए पैरवी किसी काफ़िर की,
न सोचते हुए फूलों पर कविताएँ।

कवि सबसे सुन्दर दिखते हैं,
जब वे बात करते हैं,
अपने प्रिय कवियों के बारे में,
प्रिय कवियों की बात करते हुए,
उदासी में भी उनका चेहरा खिल जाता है।
हथेलियाँ घुमाकर,
उँगलियों को उम्मीद की तरह उठाये,
जब वे प्रिय कवियों के बारे में बात करते हैं,
तो लगता है,
कवि अनाथ नहीं है।

पासपोर्ट

जब भी हम मिलते हैं
तो मुस्कुराने से पहले,
मैं देखती हूँ
आँखें पूरी हैं
कान साबुत हैं
पीठ सीधी?
तुम्हारे पासपोर्ट की तस्वीर में
तुम्हारे दिल की धड़कन रुकी हुई लगती है,
पासपोर्ट की तस्वीर को मैं हमेशा के लिए भूलना चाहती हूँ।
तुम्हारी छाती पर लगी हुई सरकारी मुहर,
माफ़ करना! कोई तमग़ा नहीं लगती है।

अपने मन की बातें मैं गिलहरियों से करती हूँ।
गिलहरियों को अलबत्ता मेरी बातों में कोई रुचि नहीं,
उन्हें दिलचस्पी है सिर्फ़ रोटी के टुकड़ों में
जो स्कूल के बच्चे अपने डब्बे से गिरा देते हैं।
गिलहरियों की दिनचर्या अच्छी है,
दिन भर कूदो
मचाओ उत्पात
और करो इन्तज़ार
कोई ज़रूरी नहीं इत्मिनान से बैठकर बातें करना।
बस अपनी पूँछ को सँभालो,

पेड़ों पर चढ़ते हुए।

चूँकि पासपोर्ट बन गया है,
वीज़ा आने वाला है
चिट्ठी लिखने का वादा मत करना।
तुम्हारे जाने के बाद
मैं लिखूँगी एक फ़रियाद,
मिलना हो हमें अगर फिर कभी
तुम बन जाना मैं,
और मैं बनूँ गिलहरी।

आग पानी

विनम्र स्त्री है वह
सभी के प्रति विनम्र
सभी से परिचित,
और सभी के लिए अजनबी।

उसकी आवाज़ धीमी थी
विनम्रता से उसकी आवाज़ धीमी हो गयी
दुपट्टा ओढ़ना भले ही भूल जाये,
विनम्रता के आँचल से ढकी रहती है।

अखण्ड विनम्रा है वह।
विनम्रता ने सभी को उसके निकट कर दिया
विनम्रता से ही उसकी सभी से अनिवार्य दूरी भी बन गयी,
दुनिया आश्वस्त हो गयी थी
आग पानी से दूर
हानि से परे
विनम्रता के वायुमण्डल में,
बस गयी है वह।

उसे भी लगने लगा,
दुनिया अब टिक गयी है
कोलाहल थम गया है

उसे पता होता विनम्रता ऐसी असरदार युक्ति है,
वह बहुत-सी परेशानियों से पहले ही बच जाती
पर पहले कैसे पता चलता,
जब तक उसने विनम्रता की वटी नहीं बनायी थी,
अपनी आग में वह जले जा रही थी
अपने पानी में डूबती जा रही थी।

विनम्रता के आवरण को जो तोड़ सके,
वटी के असर को जो बेअसर कर दे
विनम्र साँसों की आग में जो जल सके
उजले पानी में जो डूब सके,
विनम्र जीवन के हर क्षण
वह ऐसे प्रेमी की प्रतीक्षा करती है।

देर सवेर हो जाती है

महोदय
समझने की कोशिश कीजिए,
जब मेरा जन्म हुआ था,
मेरे दादा की पहले से पाँच पोतियाँ थीं।
नानी की बेशक मैं पहली दोहती थी
पर उनकी अपनी पहले से पाँच बेटियाँ थीं।
कुल मिलाकर जन्म का प्रभाव ऐसे हुआ,
जैसे गणित के समीकरण में,
जमा की सारी रकमें कट जाती हैं मन्फियों से,
और बकाया रह जाता है निहत्था एक अंक।

मैंने जहाँ तहाँ अपनी शक्ल शीशे में देखनी शुरू की,
घर के आईने में,
दुकानों के काले काँच के दरवाज़ों में,
दूसरों की मोटरसाइकिल पर लहलहाते गोल शीशों में,
कोई नैन नक्श ढूँढ़ती जो मेरा हो,
यकीन कीजिए!
किसी साज़िश की तरह मुझे यहाँ वहाँ कोई अपने जैसा दिख जाता है,
माँ के बात-बात पर डाँटने पर,
मेरा प्रश्न यही रहता कि मुझे ठीक-ठीक बताओ,
आख़िर मुझे करना क्या है।
ठीक-ठीक लगना है अपनी बहनों जैसा,

या फिर कुछ अलग करना है,
साफ़-साफ़ मेरी माँ कपड़े धोती थी,
खाना रीझ से खिलाती जैसे हम कोई देवता हों,
पर मेरी साफ़-साफ़ बात करने की ज़िद पर उसे ग़ुस्सा आता था।

जिससे मुझे प्रेम हुआ
मुझसे पहले उसे किसी और से भी प्रेम हुआ था।
मेरे लिए यह ठीक-ठीक समझना मुश्किल था,
कि मुझे दिखना है कुछ-कुछ उसी के जैसा,
या फिर ठीक-ठीक क्या करना है,
विज्ञापन से लेकर,
नियुक्ति पत्र तक,
सभी दफ़्तरी पत्रों में मेरे लिए गुप्त सन्देश था।
कि बेशक यह नौकरी मुझे दे दी गयी है,
लेकिन उनके पास मौजूद हैं सैकड़ो उमीदवार,
जिनकी क्षमता किसी लिहाज़ से मुझसे कम नहीं हैं।

महोदय आपकी बात उचित है,
मुझे अब अपने जैसा हो जाना चाहिए।
और यह काम जितनी जल्दी हो,
हो जाना चाहिए।
पर इतना तो आप भी समझते होंगे,
इतने और ज़रूरी मसलों के बीच,
ऐसे कामों में देर सवेर हो जाती है।

ऊब के बचाव में

इस ऊब भरी शाम में
उत्साह पैदा करने वाली सभी आवाज़ें
कर्कश लगती हैं।
अच्छा खाने की सलाह मत देना,
स्वाद ऊब का बैरी है।
शहनाई, सारंगी और बाँसुरी की धुन अच्छी नहीं लग रही,
क्यूँकि मधुर संगीत ऊब की गरिमा को कम कर देता है।

नल से बहता बेतुका पानी ऊब का सुन्दर अनुवाद है।
घड़ी की टिक-टिक आपको सावधान नहीं कर रही,
असल में उसे आपसे कोई मतलब नहीं
कम्प्यूटर के पंखे से निकलती हवा,
निःस्वार्थ रूप से इस ऊब का साथ दे रही है।

ऐसे पल में
बिल्ली का दिखना शुभ संकेत है।
आप सुबह तक इस ऊब के साथ रह सकते हैं
फिर कोई भरोसा नहीं,
आप पर क्या गुज़रे
कौन कब कैसे
आपकी ऊब को भंग कर दे,
और आप तुरन्त उठकर टिप टिप बहता नल बन्द कर दें।

और बिखरी हुई अलमारी सजाना शुरू कर दें।

अगर आप किसी दोस्त से कहेंगे
कि आप ऊब से ख़ुश हैं,
बिल्ली को थप्पड़ नहीं दिखाते
भागती हुई कामातुर छिपकलियों से घिन नहीं करते,
हालाँकि प्यार भी नहीं करते
तो वह आपसे ईर्ष्या करने लगेगा।
उसी समय आपकी ऊब को ख़त्म करना चाहेगा,
अपनी ऊब को बचाकर रखिये
यह हरदम संकट में है।

ऊब भरी शाम का बहुत महत्त्व है।
ऐसी शाम
मेरा मन आराम करता है,
शरीर नींद पूरी करता है
मेरे हाथ धन्यवाद देते हैं एक-दूसरे को,
और प्रार्थना करते हैं
जो जैसा है,
कुछ देर ऐसे ही बना रहे।

शीतलहर

तुम्हें देखकर मैं अक्सर सोचती थी
तुम्हारा घर बहुत सुन्दर होगा।
कैसी होगी खाने की मेज़
तुम्हारी माँ के बाल ज़रूर लम्बे होंगे
लगाती होगी वह ख़ुशबूदार तेल,
जिसकी ख़ुशबू तुम्हारे कपड़ों से आती है।

हर रात सोने से पहले
थोड़ा हौसला बढ़ाकर
मैं तुम्हारे आसपास की चीज़ों के संसार के बारे में सोचती थी।
रात के बढ़ते-बढ़ते
सिर्फ़ तुम्हारे बारे में सोचना,
मेरी चतुराई का प्रथम पाठ थी।

मुझे यकीन था
आठवीं तक आते-आते
मैंने तुम्हारा घर सच में देख लिया होगा।
अगले ही दिन तुम मिले
यह कहते हुए टीचर से,
कि तुम नहीं अब से आओगे इस स्कूल
क्यूँकि तुम्हारे पिताजी का तबादला हो गया है।
सुनाई नहीं दिया कि यह कौन-सा शहर होगा,

पर मैंने समझ लिया ज़रूर यह कानपुर होगा।
कानपुर मेरे लिए दूरस्थ शहर था,
हमारे क़स्बे से वहाँ तक कोई सीधी ट्रेन नहीं जाती।

यहाँ सब कुशल मंगल है।
अब मैं भी ख़ुशबूदार तेल लगाती हूँ
कानपुर तक सीधी ट्रेन अभी शुरू नहीं हुई है
चतुराई का अभ्यास पड़ा हुआ है,
उपेक्षित जैसे कोई वस्तु घर के किसी कोने में पड़ी रहती है।
नौकरीशुदा लोगों से पहला प्रश्न पूछती हूँ,
क्या उनकी नौकरी में है तबादले का विधान,
तबादला लगा है मुझे खुरदरा सरकारी शब्द
जिसका निजी अर्थ है कानपुर की असह्य शीतलहर।

मत कहना किसी को प्यार से ख़रगोश

मत कहना किसी को प्यार से
तुम हो मेरे नरम ख़रगोश!
आसान नहीं
नरम थैले जैसी देह में दिल और जिगर समेटना,
कान रखना लम्बे,
चेहरा जैसा कोई प्रौढ़ स्त्री,
आँखों से दुनिया नापती हुई,
और चुस्ती रखना चिड़िया सी,
चबाना लतर पतर सावधानी से,
बचना शरारती बच्चों से,
और शिकारी के निशाने से।

यह नरम-नरम जो बचा है ख़रगोश में,
उस मासूमियत का शेष है,
जो कछुए के साथ दौड़ लगाने की स्पर्धा में,
थक कर नींद बन गयी।

गपोड़ी रिश्तेदार की मृत्यु

हमारे दूर के रिश्तेदार की सड़क दुर्घटना में मृत्यु हो गयी,
ख़बर सुनकर हमारे परिवार में आतंक फैल गया,
इस तरह सड़क दुर्घटना में मारे जाने की,
हमारे परिवार के लिए यह पहली घटना थी।
धीरे-धीरे पता चला कि घटना-स्थल पर ही उस युवक ने दम तोड़ दिया,
ख़ून का क़तरा नहीं बहा,
अन्दरूनी चोट बहुत गहरी रही होगी।

ख़बर की अगली खेप ने परिवार को और आक्रान्त कर दिया,
कुछ दिनों तक वे बेआवाज़ साँस लेते हुए जीवित रहे,
शोकाकुल और भयभीत,
वे मृत्यु की कटु नज़र से बचना चाहते थे।
मृत्यु जो किसी भी बात का बुरा मान कर किसी की जान ले सकती है।
हमारे स्कूल की वार्षिक परीक्षा ने माँ को,
और मासिक फ़ीस ने पिता जी को इस भय से जल्द ही उबार लिया था।

बिना क़तरा ख़ून बहे,
गहरी चोट से मर जाने के कारण,
रिश्तेदार का वजूद जीवन की क्षणभंगुरता और
मृत्यु की निर्ममता का उदाहरण बन गया।
उदाहरण ही नहीं,
वह बच्चों को रोज़ दी जाने वाली चेतावनी बन गया।

कि सड़क पर सावधानी और बहुत सावधानी से उतरना चाहिए,
हालाँकि उदाहरण और चेतावनी बनने से पहला उसका जीवन था,
जो अब गौण हो चुका था।
उसका रुतबा परिवार का सिरमौर गपोड़ी होने का था,
और उसकी दिलचस्प गप्पें सुनकर परिवार के लोगों का
पाव भर ख़ून बढ़ जाता था।

पाँच

आगन्तुक

आगन्तुक के लिए कोई पूरे पट नहीं खोलता
वह अधखुले पट से झाँकता
मुस्कुराता है।

आगन्तुक एक शहर से दूसरे शहर
जान पहचान का सुख तज कर आया है
इस शहर में भी,
अमलतास के पेड़, गलियाँ, छज्जे और शिवाले हैं
आगन्तुक लेकिन इन्हें ढूँढ़ने यहाँ नहीं आया है।

क्या चाहिए?
अधखुले दरवाज़े के भीतर से कोई संकोच से पूछता है,
आगन्तुक घबरा कर एक गिलास ठण्डा पानी माँग लेता है।

पानी पीकर
आगन्तुक लौट जाता है।

जबकि किसी ने नहीं कहा
भीतर आओ,
कब से प्रतीक्षा थी तुम्हारी,
और तुम आज आये हो,
अब मिले हो
बिछुड़ मत जाना।

नींद के रहस्य

मैं सोकर उठती हूँ
तो देखती हूँ
मेरी बाजू
पलँग से दूर
बिस्तर से विमुख
मेरे सिर को टेक देती
देह से अलग थलग पड़ी है,
मैं पेड़ लग रही हूँ
जिसकी एक टहनी ने हवा में अलग ठिकाना बना लिया है।

बस करो नींद के रहस्यो,
बख्श दो मेरी बाँह।

सूर्य! रहना मेरे अंग संग दिन भर
अपने आलोक में रखना मुझको,
तुम्हारी ऊष्मा का संरक्षण
मेरी ओर से इन रहस्यों का प्रतिकार है।

मैं कहाँ मेरा नाम कहाँ

फड़फड़ाता रहा मेरा नाम रेल के डब्बे पर,
कुछ साबुत कुछ उधड़ गयी आरक्षण सूची में,
बेवजह हिचकोले खाता रहा मेरा नाम,
नाम मोनिका लिंग स्त्री उम्र चालीस।

यात्रा का कार्यक्रम स्थगित हो गया,
पर टिकट रद्द करने का वक़्त नहीं मिला,
मिनट तो दो ही लगते हैं रद्द करने में,
जैसा कि सभी कहते हैं और सच कहते हैं।

अगर मैं पहुँचती उस दिन रेलवे स्टेशन,
उस सूची में अपना नाम पढ़ कर ख़ुश हो जाती,
भीड़भाड़ वाले धूसर स्टेशन पर मुझे मिलती,
एक सटीक और दुरुस्त इबारत,
नाम मोनिका लिंग स्त्री उम्र चालीस।

शायद मेरी सीट पर कोई और यात्री बैठ गया होगा,
मन ही मन शुक्र मनाता,
वह आज यात्रा कर रहे मनुष्यों का हमसफ़र है,
जिन्होंने यात्रा करने के बारे में सोचा और रेलगाड़ी में बैठे हैं।
मैं आज उन मनुष्यों की हमसफ़र हूँ,
जो सोचते कुछ,

और करते कुछ और हैं।

रेल में दिन भले गर्म हों,
रातें ठण्डी हो जाती हैं।
रेल पहुँच रही होगी मुकाम पर,
शहरों के फाटक लाँघती और पुलों को पार करती,
सो चुके होंगे थके माँदे यात्री,
तंग सीटों पर खुल कर सो रहे यात्री,
रेल में दिन भले गर्म हों,
रातें ठण्डी हो जाती हैं।

मैं बेचैन हूँ यहाँ अनिद्रा में,
उदासी ने बेवजह घेर रखा है,
फड़फड़ाता रहा मेरा नाम रेल के डब्बे पर,
नाम मोनिका लिंग स्त्री उम्र चालीस।

बरसाती दिनों में

भीग चुके बिजली के बोर्ड को
मैं लापरवाही से छू देती हूँ,
एक झटका लगता है
और मैं झुनझुना जाती हूँ,
ऐसे लगता है
जैसे देह के भीतर एक चिड़िया जग गयी है,
मैं डर जाने का अभिनय भी करती हूँ,
जैसे निकल गयी थी जान मेरी
शाम तक होती है सिहरन,
चिड़िया के फड़फड़ाने से।

बेज़ार आदमी की दाढ़ी की तरह बढ़ गयी है घास,
बारिश जने मकौड़े घास में कुलबुला रहे हैं,
उनके चमकते जिस्म को देखने से झुनझुनी छूट रही है,
यह क्या हो रहा है मेरी शाकाहारी इच्छाओं को?

गली के लैम्प कुछ मद्धम हैं,
बरसात के बाद
गैरज़रूरी है इनका जलना जैसे।
एक लम्बी बहस की तरह चली है यह बरसात,
इसके बाद सभी का थक कर चुप हो जाना बनता है,
सिवा उन जिद्दी पतंगों के,

जो सर्द लैम्पों को छेड़ेंगे रात भर,
सुबह मोहब्बत के मारे कहलाएँगे।
खिड़की के काँच पर ज़मी बूँदें,
रिस रही हैं,
रेंग रही है,
मेरी बाजू पर,
नहीं नहीं चिड़िया के परों पर।

साहित्य का आदिकाल

('पृथ्वीराज रासो' पढ़ते हुए)

साहित्य का आदिकाल मेरा आश्रय है,
आदिकाल का कवि,
अनुमान की कन्दराओं से आच्छादित
लेकिन सर्वथा मौन रहता है।
इतिहासकारों के अनुमान इसका आह्वान करते हैं,
ये उनकी उद्विग्नता और विद्वत्ता पर कोई प्रतिक्रिया नहीं देता।

साहित्य के आदिकाल में बोलना कम और मौन ज़्यादा होता है।
उनकी कृतियों पर अनेको आक्षेप और विक्षेप मिलते हैं
लेकिन आदिकाल का कवि निष्कलुष मुस्कान में मौन रहता है।

आदिकाल का कवि
भाषा का संचय नहीं करता,
जितनी आवश्यकता हो
उतनी रोज़ बुन लेता है।
आदि कवि का श्रम सन्दिग्ध नहीं है।
वह अपनी प्रामाणिकता के लिए नहीं
अपनी अभिव्यक्ति के लिए मान्य है।

साहित्य के इतिहास की किताबों में
आदिकाल के अध्याय में किंचित खुले मैदान हैं,

हाशियों पर अधिक जगह
लम्बे-लम्बे उदात्त विराम,
जिनके मध्य मनुष्य दो घड़ी बैठ सकता है।
चाहे तो थोड़ी सी मीठी नींद भी मार सकता है,
या लौट सकता है उनकी माड़ी पर
अपनी आत्मा का कलुष धोने के लिए।

नकोदर-होशियारपुर अप-डाऊन

रोज़ एक ही सड़क और लगभग एक ही बस में चार वर्षों तक दो घण्टे सुबह और दो घण्टे शाम को बैठने से धैर्य बढ़ता है। रोज़ जाने अनजाने चेहरे पढ़ने से आपके भीतर ऐसी प्रज्ञा जन्म ले सकती है जैसे आप इस दुनिया के सारे चेहरे पढ़ चुके हैं। पचपन लोगों के साथ अकेले सफ़र करने के बाद आप पाँच सौ, पाँच हज़ार और पाँच लाख तक की संख्या तक के सहयात्रियों के साथ अकेले लेकिन निडर होकर यात्रा कर सकते हैं। फिर यह संख्या और उसके छोटे या बड़ा होने का एहसास ख़तम हो जायेगा, आप निडर हैं–इस सजगता का आवरण भी अपने आप गिर जायेगा। यह रोज़ाना सफ़र हर दुःख को एक स्थिति में बदल देगा, एक स्थिति जिसकी नियति एक दिन सुख में बदल जाना है। अत्यधिक आबादी वाले देश में सार्वजनिक स्थानों को रोने जैसे बेहद निजी कामों के लिए इस्तेमाल करने का गुण अर्जित करना अब कोई दूर की बात नहीं। वर्जित जो भी है अधीर के लिए वर्जित है। संसार को रोज़ चलती हुई बस के बाहर के पेड़ों की तरह आगे पीछे छोड़ने से यह एक दिन स्थिर हो जायेगा। आप संसार से दुःख पाना बन्द कर देंगे। जबकि संसार में अब अधिक नहीं बचा देखने के लिए लेकिन सौभाग्यवश संसार की इच्छा का अन्त जीवन के संघर्ष और सुख का अन्त नहीं है।